Antwerpes

Dieses Buch entstand nach einer Sendereihe von Radio Köln

Die Deutsche Bibliothek – CIP-Einheitsaufnahme
Antwerpes, Franz-Josef:
Lösungen für nicht vorhandene Probleme / Franz-Josef Antwerpes. –
Köln : Wienand, 1998
ISBN 3-87909-618-X

Redaktion: Susanne Brandau
Lektorat: Marcus Reckewitz
Fotos: Alfred Koch
Gestaltung: Sabine Bremer
Gesamtherstellung: Druck- & Verlagshaus Wienand, Köln
ISBN 3-87909-618-X

Franz-Josef

Antwerpes

Lösungen für nicht vorhandene Probleme

Radio Köln 107,1

WIENAND.

Inhalt

Vorwort

Neues aus KölnLand

In meinem ersten Buch „Antwerpes – Antworten auf nicht gestellte Fragen" fehlt ein Vorwort. Man könne doch nicht gleich mit der Tür ins Haus fallen, schreibt einer, der säuberlich die Rückantwortkarte des Wienand Verlags ausfüllte.

Ein Zweiter macht sich Gedanken über die Zeit nach der Amtszeit des jetzigen Regierungspräsidenten, findet aber keine passende Antwort. Ein Dritter will wissen, warum ich nicht für das Amt des Oberbürgermeisters in Köln kandidieren würde. „Das geht nicht, OB und RP in einer Person ist zuviel. Da könnte auch ein Bürgerbegehren nichts helfen." Eine Dame bedauert, sie könne die Spots auf Radio Köln nicht hören, sie sei dann beim Möhne-Turnen. Das muß montags sein, denn samstags wird sie doch nicht kurz nach sieben schon ihre Glieder schwingen. Ein Tip – die Verkehrsnachrichten hören, denn wenn nichts los ist, hören Sie mich sagen: Die Polizei hat nichts zu melden.

Ein Herr namens Leo will wisssen, was ich von Preisaufklebern hielte, die sich nicht sauber entfernen lassen. Nichts. Die Anregung ist aber eine weitere Geschichte wert (siehe Seite 106).

Ob meine Geschmacksnerven noch intakt gewesen seien, als ich mit Biolek einige Tröpfchen verkostete, erkundigt sich ein Gourmet. Antwort: „Zunächst ja."

Wie mein Verhältnis zur Kölner Müllverbrennungsanlage sei, fragt ein ganz Neugieriger. „Neutral", sage ich, „neutral." „Dennoch wäre mir weniger Müll lieber, auch weniger Wortmüll."

Einer sorgt sich um den schlechten Ruf von Königswinter und der Drachenfelsbesucher. Meine Antwort: „Königswinter ist eine schöne Stadt mit einem Panorama, um das sie tausend andere Städte beneiden. Daß mein mehrmaliger Aufenthalt auf dem Drachenfels der Stadt einen schlechten Ruf eingetragen haben soll, bedaure ich."

Was mir zum Erftkreis einfiele, will man wissen. Warum der Kreis nicht in „KölnLand" umbenannt werden könne. „Der Erftkreis gehört zu den deutschen Gebietskörperschaften mit dem höchsten Bruttosozialprodukt, und die Bezeichnung 'KölnLand' müßte er sich mit anderen teilen."

Schließlich soll ich Bundeskanzler werden. Doch da gibt es schon Kandidaten. Die Wahl würde sonst unübersichtlich.

Eine Antwortkarte habe ich ganz einfach verschlampt, und ich weiß nicht, wer der Absender war. Der wünschte wie viele andere ein zweites Buch und hatte gleich den Titel parat: „Antwerpes – Lösungen für nicht vorhandene Probleme". Die oder der Schreiber(in) soll sich bitte melden. Denn als Belohnung winkt eine Flasche „Klein-Kölnhausener Zuckerberg", bekanntlich der teuerste Wein Deutschlands, der vorm Regierungspräsidium wächst.

Aber jetzt lesen Sie bitte den zweiten Band, sonst lenke ich Sie noch davon ab.

Franz-Josef Antwerpes

Ein Spaziergang durch die Welt des Kölner Regierungspräsidenten ...

Schnecken im Bier und Baden an Schalttagen

Bittere Erfahrungen in Haus und Garten

Welche Komplikationen es mit sich bringt …

… wenn ein Kurfürst Kapitän spielt und auch noch Frauen an Bord läßt

… wenn man nicht weiß, wo heiß und wo kalt ist

… wenn sich ein Kurfürst als nicht spülmaschinentauglich erweist

… wenn der Kurfürst den Herzog wegzippt

… wenn sich die Polizei weigert, gegen Schnecken vorzugehen

… wenn man wegen einer Hundetoilette ins Kittchen zu kommen droht

… wenn man aus einem traurigen Huhn kein Suppenhuhn machen will

In der Badewanne

Daß man in der Badewanne ein Kapitän sein kann, verrät frühes deutsches Liedgut. Auch wissen wir alle um die Loriotschen Helden mit den Entchen – etwa den Herrn Müller-Lüdenscheid. Doch wie geht es wirklich in deutschen Badewannen zu? Darüber gibt es kaum Literatur – höchstens bei Installateuren.

Um diese riesige Lücke zu füllen, bringe ich hier meine persönlichen Erfahrungen schriftlich ein. Sie sind äußerst differenziert, weder komisch noch tragisch, eher naß und schmerzhaft.

Meine Frau und ich benutzen unsere viel zu kleine Badewanne extrem selten. Wegen der 150 Liter Verschwendung heißen Wassers sind wir unter die Dusche geflüchtet. Aus ökologischen Gründen also. Kaum standen wir darunter, waren wir erneut als Verschwender entlarvt. 35 Liter sind immer noch zuviel. Ein Waschlappen wurde uns empfohlen, aber den muß man auch wieder saubermachen, wenn er streng riecht. Unser Kompromiß mit der Natur und der Ökologie sieht nun vor, am Samstag vor hohen Feiertagen zu wannen.

Ich steige beinspreitzig in den emallierten Trog: „Ist das Wasser auch heiß genug?“ erkundigt sich meine Frau.

„Ja, ja, gut temperiert.“

Ich dehne mich genüßlich aus, habe die sanfte Schräge im Rücken, meine Beine ragen hoch aus der Flut.

„Du läßt mir keinen Platz. Soll ich die ganze Zeit mit dem Stöpselhalter im Rücken verbringen?“ weist mich meine Frau zurecht.

Dennoch steigt sie ein. Das Wasser steigt hoch, umspielt sogar meine Kniescheiben. Meiner Frau gelingt zwar der akrobatische Akt, anschließend aber läßt sie ihrer Unzufriedenheit freien Lauf: „Ich habe keinen Platz. Rück mal nach vorne.“

Ich rücke. Meine Knie ragen wieder hoch aus dem Naß. Ein kurzes Aufbäumen, um eine günstige Position zu erreichen, läßt mich zurückplatschen. Ich rutsche aus.

„Wie ungeschickt. Du könntest bei Jürgen von der Lippe auftreten." Mit zwei Personen ist die kleine Wanne sichtlich überfordert. Deutlich hörbar gluckert das Wasser durch den oberen Ablauf. Jetzt sind auch schon Teile der Oberschenkel im Trockenen.

„Nein, nein", sage ich, „ich gehe raus. Mir ist kalt und ich kann mich noch nicht einmal mit Duschdings einreiben."

Ich verlasse die Wanne, das heißt, ich will die Wanne verlassen, rutsche wieder zurück, halte mich an der Mischbatterie fest, gewinne Halt, stemme einen Fuß auf den Boden des Badezimmers. Der ist mittlerweile naß, ich rutsche erneut aus, falle mit dem Hintern gegen den Wannenrand, rudere herum, liege plötzlich auf dem Boden, rolle mich hoch und humpele in die Dusche.

„Du solltest vorsichtiger sein", meint mein Eheweib. „Du brichst Dir sonst noch den Hals."

„Hast Du Hals gesagt?" schreie ich. „Und was ist mit der Beule am Kopf?"

Wir baden jetzt nur noch an Schalttagen.

Unter der Dusche

Ich habe mich nun aus ökologischen Gründen gegen 150-Liter-Vollbäder entschieden – welch' eine Verschwendung von Energie und Wasser (s.o.). Wenn Sie es aus hygienischer Sicht nicht beim Waschlappen belassen wollen, gehen Sie unter die Dusche. Aber wissen Sie eigentlich, welchen ungeheuren Gefahren Sie sich dabei – vor allem in fremden Duschen – aussetzen? Natürlich nicht.

Begeben wir uns also in eine Duschkabine und stellen den Wasserhahn an. Doch was heißt hier Wasserhahn? Es ist eine moderne Mischbatterie mit rotem und blauem Punkt. Ich drehe den Hebel nach unten links, wo der rote Punkt sitzt, also warm. Es schießt ein eiskalter Strahl heraus. Ich schaudere und rufe: „Mause, hast du die Dusche verstellt?“ (Zur Erläuterung: Mause ist meine Frau.)

„Nein, du hast den Hebel wieder falsch bewegt. Warm ist nach rechts.“

„Ich mag rechts nicht.“

„Wenn links eiskalt ist“, meint meine Frau, „wird man sich eher für die Mitte entscheiden.“ Ich ‘mitte’. Wie alle Mitten eher lau.

Weiteren Experimenten bin ich, wie das deutsche Volk, eher abgeneigt. Ich nässe mein Haar, greife zu einer schwarzen Plastikflasche und verreibe deren halben Inhalt auf meinem Schädel.

„Sag mal“, rufe ich, „was ist eigentlich in der schwarzen Flasche?“

„Das ist Körperwaschlotion“, erklärt meine Frau über eine mittlere Entfernung von ca. 15 Metern, also etwas lauter.

„Falsch, falsch“, denke ich, aber jetzt nichts zugeben.

„Und in der cremegelben Flasche?“

„Shampon, daß du das nie kapierst!“

Ich nehme das Shampon als Ganzkörperwaschmittel. Es riecht nach Zitrone. Auf dem Kopf duftet es nach Tannennadeln. Wie passend. Aber nun: Wohin mit den Flaschen? Kaum eine Dusche hat eine vernünftige Ablage. Die Mischbatterie ist modisch verkrümmt, bietet den Flaschen keinen Halt. Plötzlich stoße ich einen furchterregenden Schrei aus. Meine Frau ruft: „Hast du wieder auf kalt gestellt? Kalt ist links!“

„Nein“, schreie ich, „eine Flasche ist auf meinen dicken Zeh gefallen. Ich wußte nicht, daß Zitrone oder Tanne so schwer sein kann.“

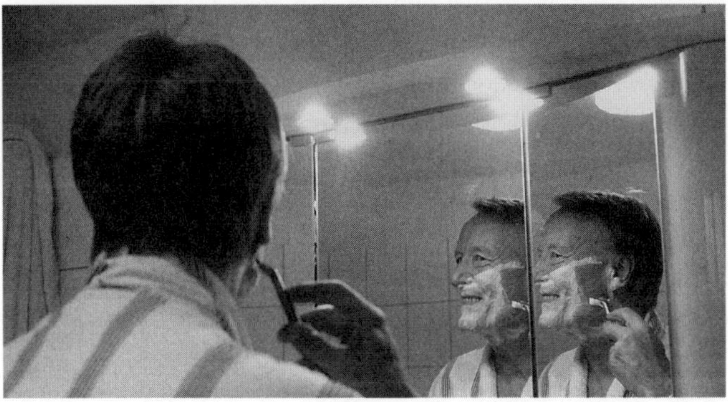

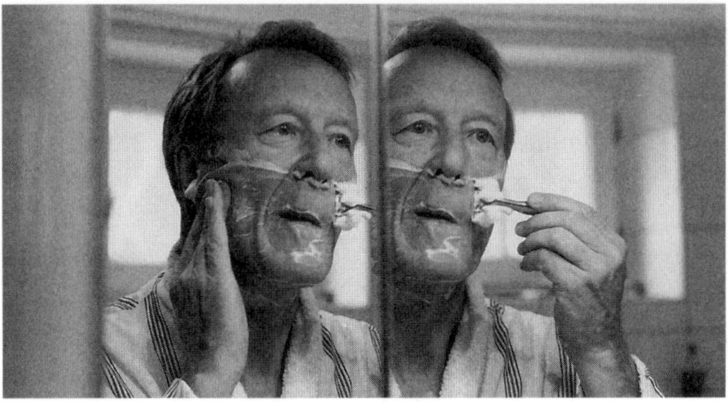

Schaumschlägerei am Morgen – Antwerpes beim Rasieren

„Du bist reif für den Waschlappen."

„Ja", stöhne ich, „ein eiskalter Waschlappen wäre gut für meinen Zeh. Wo ist eigentlich kalt?"

Pech im Haushalt

Wie viele Männer will auch ich immer wieder meiner Frau bei ihrer überaus anstrengenden und zeitraubenden Arbeit im Haushalt helfen. Die Schürze umgebunden, um mich nicht zu beschmutzen, warte ich nun auf den ersten Auftrag.

„Du kannst die Teller in die Spülmaschine stecken, die ist dann voll", weist meine Frau mich ein.

„Muß ich die vorher abwaschen?"

„Nur von den gröbsten Resten."

„Gehen die auch alle rein?"

„Die gehen alle rein."

Flugs schnappe ich mir die Teller, allerfeinstes Porzellan von Nelkenthal, und beginne, die Maschine zu beladen. Ich gehe dabei allerdings etwas unsanft vor und zerbreche einen Teller. Während meine Frau gerade im Wohnzimmer staubsaugt, lasse ich die Scherben im Mülleimer verschwinden. Doch da taucht sie schon auf.

„Was machst du am Mülleimer, du sollst doch die Spülmaschine einräumen."

„Ich habe nur Altpapier weggeworfen."

„Das gehört aber nicht in den Mülleimer."

„Ja, ich mache es auch nicht wieder."

„Nimm es wieder raus."

„Ja, gleich. Erst kommt die Spülmaschine dran."

Meine Frau ist mißtrauisch geworden, verschwindet aber Gott sei Dank wieder in Richtung Staubsauger. Als der letzte Teller drin ist, gehe ich weit über meinen Auftrag hinaus und fülle Reinigungsmittel in die Maschine. Daß dabei ein Teil der Megaperlen verstreut wird, stört die Maschine nicht. Ich entscheide mich für 65 Grad intensiv.

„Warum hast du die Maschine so hoch gestellt? 50 Grad normal genügen“, weist meine Frau mich zurecht.

„Es geht schneller und das Geschirr wird sauberer“, antworte ich.

Ich entferne mich rückwärts, stoße an den Wäscheständer, der wieder vollbeladen ist. Die Wäsche noch patschnaß. Ich beginne sie aufzuheben, komme ungewollt an die Türklinke, dort hängt die schönste Bluse meiner Frau, sie fällt auf die nasse Wäsche, eines meiner Oberhemden folgt. Ich mache immer noch einen kenntnisreichen Eindruck.

„Du kannst die Schürze wieder ausziehen, aber wirf sie bitte nicht in den Mülleimer, denn dein Altpapier hat scharfe Kanten und verdirbt den Stoff.“

„Kann ich dir noch irgendwie helfen?“

„Ja, geh in den Garten und pflücke ein paar Pflaumen.“

„Aber wir haben doch gar keine Pflaumen im Garten.“

„Eben, dann kannst du auch nichts falsch machen.“

Zippen mit Frau Herzog

Der Erfinder der Fernbedienung muß ein Narr gewesen sein, ein Bi-Narr, ein Tripel-Narr, gar ein Quadrupel-Narr, also ein vierfacher. Wenn Sie diese Bezeichnung noch nie gehört haben: Ich kann nichts dafür, auch der Bundespräsident beklagt ja die Bildungslücken – dabei sagt er immmer „zwanzik“ statt „zwanzisch“. Auch nicht korrekt.

Ich wollte aber eigentlich etwas über die Fernbedienung sagen. Doch was immer man in Deutschland schlußfolgert: Man landet über kurz oder lang beim Bundespräsidenten, weil er irgendwann schon einmal zu allem etwas Entscheidendes verkündet hat.

Also zurück zur Fernbedienung. Das ist das allerschlimmste Wegdrück-Instrument. Bemüht sich da gerade eine erlesene Runde von Politikern, Schauspielern, Sängern und Industriekapitänen, etwas Gescheites über den Euro zu sagen (Kommt er? Wann kommt er? Ist er vielleicht schon da?) – klick – , zippt der Fernbediener die ganze Truppe weg und landet bei Spok auf einem fremden, von üblen Einheimischen bewohnten Planeten, irgendwo in der Galaxis.

Da aber die Weltraummannschaft gerade ziemlich tiefgekühlt ist, um Lichtjahre zu überdauern, langweilt dieser Zustand und – schwupp – findet man sich auf einem holprigen Auslandsfußballplatz mit einem parteiischen Schiedsrichter und fremden Schreihälsen wieder, und unsere Mannschaft hat wieder einmal zwei Tore Vorsprung zuviel, aber zu wenig, um Spannung aufkommen zu lassen.

Ein weiterer Klick und diverse Volksliedkünstler verbreiten mit Hilfe verschiedener Blaskapellen allerfroheste Stimmung. Die hält aber nicht lange an, weil die Bierflasche halbvoll umgefallen ist und man sich mit einem Aufnehmer beschäftigt. Zudem sind die Salzstangen naß geworden.

Munter weitergeschaltet. Wer taucht denn da auf? Der Bundespräsident! Den hatten wir schon erwähnt, aber er plaudert gerade mit Biolek über das Sein an sich. Nein, nein, nicht schon wieder unser Staatsoberhaupt.

Plötzlich geht nichts mehr. Die Batterie der Fernbedienung ist leer. Am anderen Morgen neue gekauft. Zipp, zipp, ins Nachmittagsprogramm. Wer ist zu sehen? Frau Herzog. Die kocht gerade einen Eintopf mit „zwanzik" Gramm von irgend etwas. Das ist zuviel! Es sind nämlich „zwanzik" Gramm Peperoni.

Da bleibt man auf dem Sender und wartet die Katastrophe ab.

Ein Gameboy kommt selten allein!

Der Herr der Schnecken

Vor allem in feuchten Jahren leiden Gartenbesitzer unter einer wahren Schnecken-Invasion. Die Biester fressen wahllos Kopfsalat, Pflücksalat, Schnittsalat. Aber eine besondere Delikatesse sind für sie Studentenblümchen, im Volksmund auch Tagetes genannt. Sie wüten geradezu in diesen Pflanzen, Blüten und Blätter sind bald verzehrt, nur die Stengel ragen noch klagend gen Himmel.

Verborgen geblieben ist den meisten Zeitgenossen die Vorliebe dieser Schleimspurer für Kräuter mit ätherischen Ölen, die da sind: Basilikum rot und grün – man beachte die Reihenfolge –, Zitronenmelisse, Pfefferminze und gar Ysop – ein wahrhaft greuliches Gewürzkraut, das ein vernünftiger Mensch nur in Mikrogramm verzehrt. Selbst der sauerste aller Sauerampfer ist vor ihnen nicht sicher.

Sie werden jetzt unhöflich die Frage stellen, was kann man dagegen tun? Wie rettet man sein Gemüse und macht die Kräuterbeete sicherer? Da fällt Ihnen zunächst die Polizei ein: Immer wenn Dritte Ihren Frieden stören, muß die Polizei her. Die hat aber anderes zu tun, als die Ordnung in Ihrem Garten wiederherzustellen. Es sei denn, daß Ihr Wehklagen so laut wird, daß Sie wegen ruhestörenden Lärms festgenommen werden müssen.

Ich möchte Ihnen daher einige brauchbare bis unbrauchbare Tips geben, der Plage Herr zu werden:

1. Häufen Sie um Ihre Beete Kalk. Nicht mannshoch, nur etwa 0,5 mm hoch und 2 cm breit. Über diese Schneckenmauer schleimt es sich schlecht. Die Kriechtiere bleiben ausgesperrt und begnügen sich mit Zierblumen.

2. Sie gehen nach Mitternacht mit einer Taschenlampe auf Schneckenfang, sammeln sie ein und setzen sie über die

Mauer dem Nachbarn in den Garten. Eine äußerst humane Lösung. Für Sie. Aber nicht für den Nachbarn.

3. Füllen Sie diverse Gefäße mit Bier, und setzen Sie sie plan, also gleicherdig in den Boden. Schnecken mögen Bier!
   Es gibt Arten, die treibt es ins Kölsch, andere bevorzugen Bitburger. Ich habe mal eine gekannt, die wollte Diebels Alt. Aber nur einmal. Die Schnecken ertrinken, haben aber einen verhältnismäßig schnellen und hochprozentigen Exitus.

Wenn Ihnen nun alle diese Ratschläge zuwider sind, dann lassen Sie Ihren Garten am besten betonieren und kaufen das Gemüse fortan auf dem Markt und die Blumen auch. Sie fragen sich natürlich, warum an denen keine Schnecken gefressen haben. Das kann ich Ihnen leicht beantworten: Was Sie an den Marktständen kaufen, ist das, was die Schnecken übrig gelassen haben. Den Rest der Felder haben sie abgeernet. Garantiert. Und dann liegen sie dick und inaktiv im Regen.

Verdammter Hund

Unlängst traf ich – nein, begegnete ich – meinem alten Bekannten Karl-Heinz. Karl-Heinz hatte eine adelige Großmutter, deshalb trifft man ihn nicht, sondern man begegnet ihm. Auch sonst besitzt Karl-Heinz tadellose Manieren. Aber in diesen Tagen wirkte er unordentlich – auch im Kopf.

„Sag mal, was ist dir über die Leber gelaufen?“ erkundigte ich mich bei Karl-Heinz. Bei Karl-Heinz fragt man nicht, man erkundigt sich.

„Ich drohe, verurteilt zu werden. Ich könnte demnächst kein freier Mann mehr sein. Ich befinde mich mit einem Bein bereits im Gefängnis", so mein Bekannter.

„Was ist denn passiert? Erzähle! Nein, tue kund, was dir widerfahren ist", bitte ich ihn neugierig.

Also hub er an: „Du weißt doch, daß mein Nachbar einen Hund besitzt. Ein gar riesiges Tier. Dieses Vieh, pardon, diese Kreatur führt er täglich zweimal aus, und jedes Mal läßt das Tier auf dem kleinen Rasen vor meiner Haustür entweder einen gelblichen Bach oder einen überdimensionalen Haufen. Kot wäre zu niedlich."

Karl-Heinz rannen bei jenen Worten fast die Tränen die Wangen herunter, sein Antlitz war derangiert. (Wenn Sie, liebe Leser, hier stocken und Ihren Wortschatz durchwühlen, schauen Sie im Duden nach. Mit Erklärungen würde die Geschichte zu lange.)

„Fahr fort", bat ich, und er fuhr.

„Ich habe meinen Nachbarn zunächst inniglich gebeten, er möge doch seinen Hund woanders Gassi gehen lassen. Er reagierte nicht. Selbst als ich mit der Polizei drohte, blieb er stumm. Da habe ich nach einem Monat die Geduld verloren, zumal ich die Polizei der Untätigkeit zeihen mußte, und bin vor sein Haus getreten, gerade als er diese arme Kreatur, die, wie mir schien, wieder in höchster Not war, auf die Straße zu führen beabsichtigte, habe meine Beinkleider gelüftet, mich auf seinen winzigen Rasen gesetzt und ein Geschäft gemacht. Kurz danach, meine Hosen waren wieder akkurat, kam die Polizei und konstatierte, ich sei ein öffentliches Ärgernis und müsse einer Strafanzeige entgegensehen."

„Hast du deine Strafe schon angetreten?"

„Noch nicht, aber es ist nur eine Frage der Zeit."

„Und der Hund?"

„Der verrichtet weiter seine Geschäfte."

„Wo?"

„Auf dem Rasen meines Nachbarn."
„Wie hast du das geschafft?"
„Ich habe einen Teil meines Rasens ausgestochen und zu ihm gebracht, voller Urin und Würste. Jetzt fühlt er sich dortselbst wie zu Hause – und da scheißt er jetzt auch."

Diese Hühnereien!

Wer Hühner hält, weiß ein Lied davon zu singen, wenn die Viecher keine Eier mehr legen, weil es zu kalt ist oder sie gerade in der Mauser sind oder gar glucken.

Wir haben drei Hühner, und sie fressen uns die Haare vom Kopp, legen aber keine Eier. Warum nicht?

Anni, das Zwerghuhn, gluckt und sitzt böse auf seinem Nest und hackt mit spitzem Schnabel nach allem, was sich ihm nähert. Anni legt ohnehin nur 16 bis 18 Eier im Jahr, winzige dazu. Anni ist neun Jahre alt, also für ein Huhn uralt. Sie frißt gewissermaßen das Gnadenkorn.

Sanfti, ein Italiener-Huhn, das mein Sohn immer als Anschauungsobjekt in die Schule mitnimmt, legt seit einem Monat auch keine Eier mehr. Diese dicken braunen, etwas gesprenkelten Eier. Wir vermuten, daß es die Abwesenheit von Anni, die in einem anderen Stall gluckt, nicht verträgt. Ein befragter Geflügelzüchter sprach von Trauerarbeit und damit verbundener Eierlosigkeit.

Der Versuch, es aufzumuntern, indem ich es zu Anni trug, wo es herumkrakelte, ohne gepickt zu werden, mißlang. Das Biest frißt kaum, noch nicht einmal Regenwürmer, und tristet so dahin. Hat neuerdings sogar Durchfall. Also Sanfti ist auch eierlos.

Und dann Wildi, dieses ungestüme Huhn. Eine Blutsverwandte von Sanfti und eine Ziehtochter von Anni. Wildi legt auch nicht mehr. Die Trauer ihrer Artgenossin muß ihr auf den Eierstock geschlagen sein – jetzt verliert sie auch noch Federn! Mitten im Sommer. Absolut antisaisonal, etwa so als ob Rosenmontag in den August fiele, und zwar regelmäßig.

Was macht man nun mit diesen streikenden Hühnern? Tötet man sie und führt sie dem Suppentopf zu? Würden Sie das Fleisch eines neunjährigen Zwerghuhnes verzehren, selbst wenn Sie einen guten Zahnarzt hätten? Soll man Sanfti ermorden lassen, nur weil sie unpäßlich ist? Bleibt noch Wildi. Gut im Fleisch, auch noch jung, aber in der Mauser. Man ißt keine Hühner, denen die Federn ausgehen.

Wir werden die Hühner also weiter pflegen und die Eier im Laden kaufen. Was will man eigentlich noch mehr? Freilaufende Hühner zuhause und Käfigeier vom Kaufmann. Wen sollte man da in die Pfanne hauen?

Hühner sind so herrlich menschlich – findet unser RP

Muß ich da auch tanzen?

Termine außer Haus

Welche Probleme man hat …

… wenn man von Hartwurst und Schweizer Brot dicke Backen bekommt

… wenn man als Figaro Streichholzlocken zu Volumen fönen soll

… wenn man glaubt, sich als Kurfürst mit einem Slow Fox in die Psychiatrie tanzen zu müssen

… wenn man Alarm auslöst, weil man wegen eines Nepalesen mal telefonieren muß

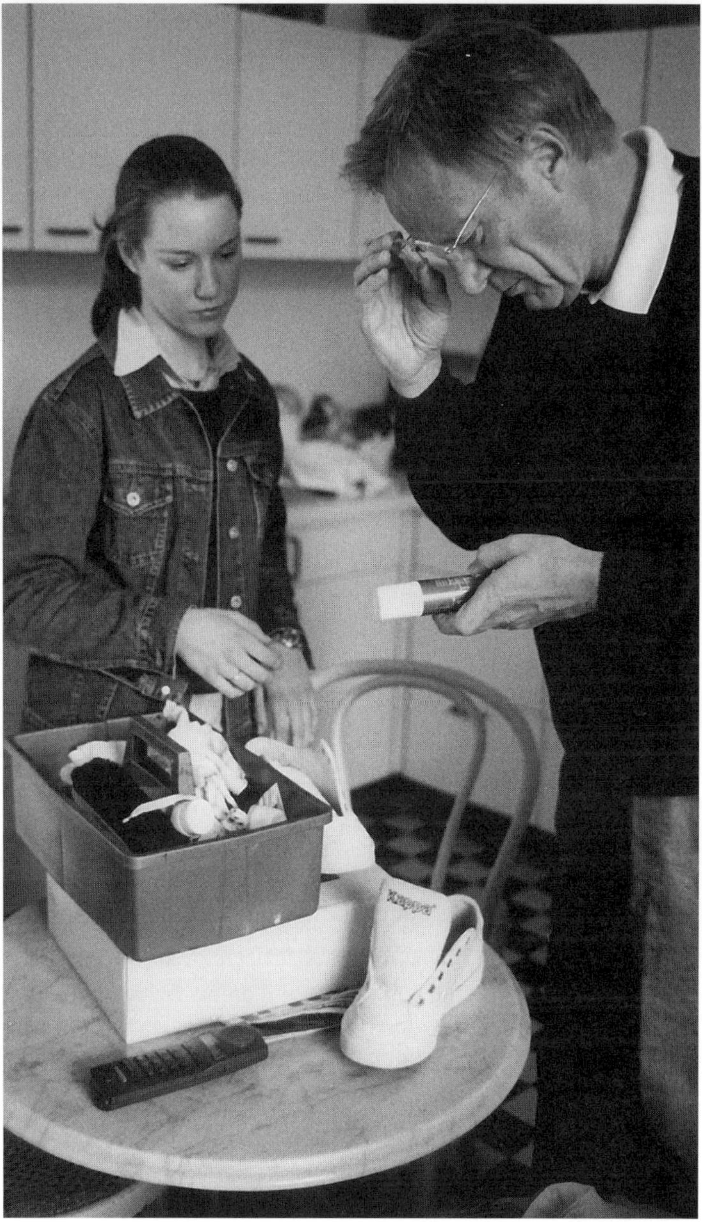

Au Backe! – beim Zahnarzt

Nein, ich will nicht über die Leiden reden, die Sie unter dem Bohrer verbracht haben oder noch verbringen werden. Ich weiß auch, daß Sie zu Ihrem Zahnarzt eine langjährige Haßliebe entwickelt haben. Sie sprechen schlecht über ihn, wenn es Ihnen gut geht, und möchten ihn am liebsten umarmen, wenn er Sie vom üblen Schmerz befreit.

Aber es gibt Schlimmeres: Überhaupt kein Zahnarzt weit und breit und eine geschwollene Backe infolge eines entzündeten Sechsermolars, also des vorletzten Backenzahns.

Der erste Fall in der Fremde mit einem entzündeten Nerv links oben war ein Tag vor Silvester, Gott sei Dank nur 210 Kilometer vom heimischen Dentalmediziner entfernt. In den Zug gesetzt, den ich einen Tag zuvor schon benutzt hatte, und sofort nach Hause. Zahnarzt im Urlaub, aber Vertreter da. Nerv abgetötet, zurück in den Ferienort. Zugschaffner: „Fahren Sie die Strecke täglich?"

Der zweite Fall gestaltete sich schon schwieriger. Tessin. Natürlich wieder im Urlaub. Ecke des oberen rechten Schneidezahns bricht ab. War wohl ein zu hartes Schweizer Brot. Guter Rat teuer. Rückfahrt zu weit. Telefonat mit einem Bekannten. Der kannte einen, der einen Zahnarzt kannte, der im Tessin ein Ferienhaus besitzt. Ein Zahnarzt, der im Tessin ständig urlaubt, kennt auch dort Kollegen. Er war sogar in seinem Feriendomizil anwesend. Fast ein Ortsgespräch. Nächster Tag: Termin mit einem italo-schweizerischen Meister aller Plomben. Noch heute genießt diese Plombe die Bewunderung meines heimischen Zahnarztes. „Dieses Material", schwärmt er. Ich hingegen bin froh, daß das Ding hält, und eine schöne Erinnerung ist es allemal. Die Plombe liegt etwa ein Jahr vor der Geburt meiner Tochter.

Der dritte Fall ereignete sich nicht nur in beachtlicher Entfernung von über 1000 Kilometern, sondern auch in schöner

Höhe, ca. 2000 Meter. Hartwurst auf einer Hütte. Wieder eine Ecke ab. Natürlich am Schneidezahn. Schnelles Instandsetzen unmöglich. Der Fall ist gerade eingetreten. Ich sitze hier und leide. Wie, Sie glauben mir das nicht? Hören Sie nicht, wie sich das S in der Zahnlücke verfängt?

Ich sollte gar nicht mehr zum Zahnarzt gehen. Mit einem so schönen Sprachfehler hätte ich wahrscheinlich alle Chancen, beim Fernsehen eine eigene Talkshow zu bekommen.

Mein Friseur und ich

„Wie immer?" fragt der Meister aller Haarkünstler den Kunden.

„Wie immer", antworte ich, „aber etwas kürzer, es geht in den Urlaub."

„Wo soll's denn hingehen?"

„Nach Usedom."

„Nach Usedoom?" dehnt der Meister seine Frage. „Liegt das nicht in der DDR?"

„Lag", sage ich, „jetzt ist es wiedervereinigt, und die Westdeutschen haben es als Steuerabzugsmodell aufgekauft. Ich habe mich aber aus Geldmangel nicht beteiligt."

„So, so, interessant", meint der Figaro.

Sein Ton gefällt mir nicht. Doch ehe ich irgend etwas Gescheites sagen kann, wird mir eine Art Latz um den Hals drappiert. Dann schiebt er ein Handtuch zwischen meinen engen Kragen und den nackten Hals. Ich röchele. Als ich mich von diesem Erdrosselungsversuch erhole, wird mein Kopf nach hinten gezwängt und auf eine Waschbeckenkante gelegt. Ein ziemlich kalter Strahl Wasser rauscht in meine mittelmäßige Haarpracht.

„Warm genug?" erkundigt er sich.

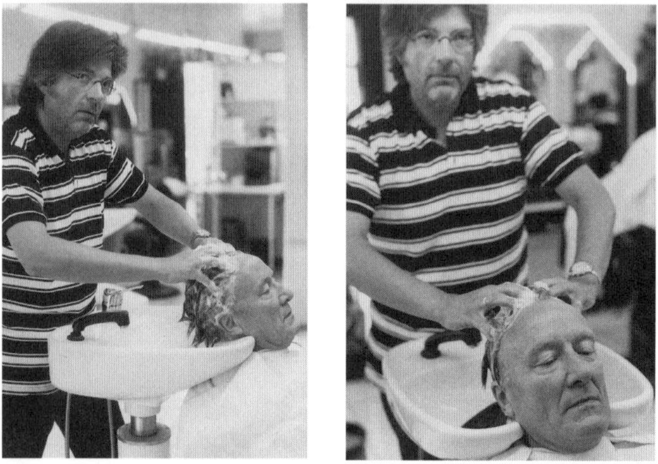

Entspannung oder Qual? – Antwerpes bei der Kopfwäsche

„Etwas heißer bitte."

Kurz danach ist meine Kopfhaut von ziemlicher Hitze gepackt, aber ich halte durch, überstehe auch das zweimalige intensive Schamponieren, wobei sich die Finger des Figaros in meinen Schädel einzugraben scheinen. Das würde wahrscheinlich gut tun, wenn man am Abend vorher kräftig gebechert hätte.

Dann verschwinde ich im Handtuch und sitze wenig später mit einem fein säuberlichen Scheitel auf der falschen Seite vor dem Spiegel. Der Scherenkünstler beginnt zu schneiden. Und schneidet und schneidet.

„Sie wissen, mein Wirbel hinten rechts."

„Ich weiß, ich habe ihn gerade geschnitten."

„Doch nicht zu kurz?"

„Nein, aber kurz genug."

„Könnten Sie auch die Haare in den Ohren etwas kürzen? Bitte aber nicht die Ohren."

„Ja, ja, wird gemacht. Aber habe ich Sie jemals schon verletzt?" fragt der Haarkünstler empört.

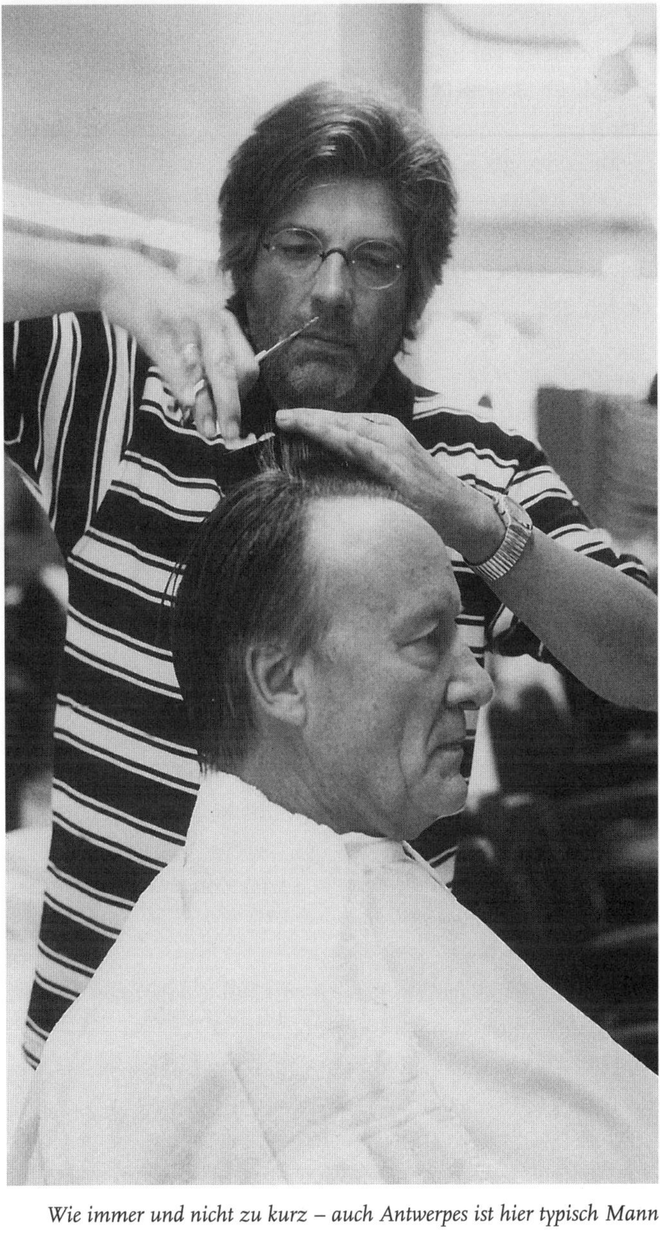

Wie immer und nicht zu kurz – auch Antwerpes ist hier typisch Mann

„Nein, nein, nur im letzten Jahr an der Nase, aber das hat ja nicht lange geblutet."

„Ist es so recht?" fragt der Friseur nach vollendeter Arbeit.

Mir wird ein Spiegel an meinen Hinterkopf gehalten, der sich wiederum im Vorderspiegel spiegelt. Der Figaro hat kurz vorher meine Haare noch zu beachtlichem Volumen hochgeföont. Jetzt gilt es, Danke zu sagen und den Meister zu loben. Tue ich aber nicht.

„Ich habe meine Brille nicht auf. Ich kann das nicht sehen."

„Macht nichts", meint der Meister, „mehr kann man ohnehin nicht aus Ihren Streichholzlocken machen. Lassen Sie die Brille ab. Dann bleibt Ihnen wenigstens die Illusion."

In der Tanzschule

„Hast du eigentlich die Einladung zum Abschlußball unserer Tochter?" fragt meine Frau zu später Stunde und kurz vor den Tagesthemen.

„Nein, ich habe die Einladung nicht gesehen. Was ist das für ein Termin?" frage ich.

„Es ist ein günstiger Termin. Es ist der 25. Ich habe bereits in deinen Kalender geguckt. Du hast an dem Abend nichts anderes vor."

„Am 24. muß ich ein Referat in Klein-Kölnhausen halten. Da komme ich spät nach Hause."

„Der Abschlußball ist aber am 25. Dann bist du sicher wieder ausgeruht von deinen großen, wichtigen Reden."

„Am 25. findet wahrscheinlich meine Lesung beim Lion's Club in Malmedy statt. Habe ich aber in meinem Kalender noch nicht notiert."

„In Malmedy? Die sprechen doch nur Französisch."

„Eben, ich möchte auch mal eine Lesung in Französisch abhalten. Das kann ein Faszinosum werden. Toujour pussé verde noveau rivage."

„Sag den Termin ab und vertröste deine Lions auf später. Wir müssen auf den Abschlußball unserer Tochter. Alles andere geht nicht."

„Muß ich da auch tanzen?"

„Natürlich mußt du auch tanzen. Das ist ein Ball und keine Sitzung und schon gar keine Lesung. Und kneifen gilt nicht!"

„Ich bin etwas aus der Übung, ich weiß nicht, ob mir der Wiener Walzer noch gelingt."

„Du hast noch nie Walzer tanzen können. Begnüge dich mit einem Slow Fox, aber tanz!"

„Na gut, dann muß ich eben in das saure Parkett beißen. Wann war das noch?"

„Am 25. Und was hast du am 18. abends vor?"

„Da habe ich eine Talkshow im Fernsehen. Ich glaube in Hamburg."

„Die solltest du auch absagen."

„Wieso?"

„Dann ist Elterntanzabend, um für den Abschlußball zu üben."

„Ach, was ich dir noch sagen wollte. Ich muß unbedingt noch zum Orthopäden. Meine Achillessehne ist wieder sehr gereizt, und den Meniskus spüre ich schon seit Tagen. Der Arzt kann dann bei der Gelegenheit auch mal nach meiner Bandscheibe schauen. Und dann werde ich mich erkundigen, ob er vom 18. bis 25. ein Bett frei hat – falls eine Operation nötig wird."

Da säuselt meine Frau: „Vielleicht solltest du direkt in die Psychiatrie gehen. Die behalten dich bestimmt gleich da. Ganz bestimmt!"

Blödsinn in der Bank

„Also, ich hätte gerne diese braunen Schecks zur Barabhebung“, teile ich der Dame hinter dem Mahagoni-Granitschalter mit.

„Wir haben keine braunen Vordrucke, es sind weiße“, erwidert sie.

„Ich habe doch eben den letzten abgegeben. Warten Sie, ich eile zum Barschalter und lasse Ihnen das Exemplar zeigen.“

Die zweite Dame hinter dem Barschalter zeigt den tatsächlich braunen Vordruck.

„Die sind längst aus dem Verkehr gezogen, diese braunen. Wir haben jetzt nur noch weiße.“

„Gut, dann bitte 25 weiße.“

„Weiße Barschecks gibt es nur einzeln.“

Eine zweite Dame gesellt sich zu uns, natürlich hinter dem Schalter.

„Nein, Einzelbarschecks gibt es nicht mehr, wegen der Sicherheit. Sie können nur zu mindestens zehn, aber numeriert, abgegeben werden.“

„Dann geben Sie mir zehn.“

Jäh unterbricht Dame Nr. 1: „Wir haben doch auch die grünen, davon können Sie selbstverständlich auch 25 haben.“

„Ach so, Sie haben auch grüne. Und wie steht es mit den blauen?“

„Die blauen“, klärt mich Dame Nr. 2 auf, „die blauen, das sind doch die Euroschecks. Brauchen Sie Euroschecks?“

„Nein, nein, an sich wollte ich die braunen, aber die haben Sie ja nicht mehr. Nur die weißen Einzelschecks, mit oder ohne durchlaufende Numerierung. Bekomme ich denn grüne?“

„Gewiß, wenn Sie keine blauen Euroschecks wünschen.“

„Ich wünsche keine blauen, ich will die weißen oder die grünen oder meine alten braunen! Wo bin ich hier eigentlich?“

„Sie sind in der Bank."

„Gut, daß Sie mir das sagen. Aber die Klapsmühle kann nicht weit sein."

Neulich im Möbelhaus

Der Deutsche an sich liebt Möbel. Er stellt sich alle Zimmer damit voll, zieht Zierdeckchen über die besten Stücke im Wohnzimmer und hält sich danach überwiegend in der Küche auf – mit einem bißchen Schmutz, dem Duft nach Spiegeleiern und Stühlen, auf denen man gerne sitzt, die aber eher abgewetzt wirken.

Woran denkt nun der Deutsche in der Küche? An das Leben, gewiß, an den Nachbarn oder die Nachbarin auch. Doch in den echten Mußestunden fällt ihm ein, was unter den Möbeln noch fehlt: ein neuer Teppich.

Mutter: „Ach so ein Nepalese, sanftrosé mit blauem Rand, der würde gut zu der blauen Wohnzimmergarnitur passen."

Vater: „Zu teuer, ich habe da einen im Preis-Leistungsverhältnis günstigen Chinesen im Prospekt gesehen, tiefrot mit Muster."

Nach längerer Diskussion einigt man sich auf den Besuch eines Möbelhauses mit Teppichabteilung, am Samstag.

Die erwähnte Mutter und besagter Vater sind Fremde, denen man allerhand Böses in den Mund legen kann, nicht aber meiner Frau und mir. Wir besuchen also am Samstag das Möbelhaus. Es ist, wie alle diese Gebäude, groß und scheint unübersichtlich. In Wirklichkeit wird der Kunde genau dorthin geleitet, wo er kaufen wird.

Teppichabteilung: Haufen von Woll-, Seide- und sonstigen Stücken, von riesengroßen Dingern bis kleinen Matten, die man vor die Tür legt. Der Verkäufer wuchtet ein Stück nach dem anderen herbei. Ein Fall für den Orthopäden. Dann ein Stück von erlesener Schönheit. Natürlich Nepal oder Nachbarstaat und rosé, die Farbe eines Filets – ein bißchen durch. Aber die Größe. Wir werden unsicher.

Ich will zu Hause anrufen, unsere Tochter muß noch einmal nachmessen.

„Kann ich mal telefonieren?"

„Dann müssen Sie zur Kasse gehen. Hier geradeaus, dann links und zweimal rechts."

„Zu weit", denke ich.

Mit einem Handy bewaffnet, versuche ich es an Ort und Stelle. Keine Verbindung. Ich verändere meinen Standort. Immer noch kein Empfang. Ich strebe zur äußersten Stelle des Baus, stehe an einer Tür. Immer noch kein Empfang. Ich öffne die Tür, was ziemliche Kraft kostet. Endlich Empfang und gleichzeitig ein ohrenbetäubend schrilles Gebimmel! Ich wundere mich. Da naht auch schon ein dunkelblau gewandeter Mann: der Geschäftsführer.

Er erkennt mich und sagt dezent: „Lieben Sie diesen großen Abgang?"

„Wieso?" frage ich ahnungslos.

„Sie haben den Notausgang geöffnet."

Ich fasse mich: „Nein, wir wollten nicht ohne Bezahlung weg!"

„Ich dachte es mir", meint der Dunkelblaue.

Kleinlaut suche ich das Telefon an der Kasse auf, erfahre die Maße von meiner Tochter, eile wieder zu meiner Frau und sage: „Ich habe Zweifel, ob das der Richtige ist. Der ist zu groß und zu bunt."

Darauf meine Frau: „Wir *müssen* den Teppich kaufen, sonst sind wir restlos blamiert."

Jetzt liegt er im Wohnzimmer, verdeckt die Fußleisten und ragt in die Küche hinein. Jedesmal, wenn ich darüber stolpere, denk' ich an den Notausgang.

FJA – er freut sich über die seltenen Geschenke

Schampus und Hagelslag-Granulé

Beim Kurfürst zu Tisch

Welche Schwierigkeiten es zu überwinden gilt...

... wenn man statt kleiner Brötchen Regierungskrisen am Frühstückstisch bewältigt

... wenn man versucht, die Waage zwischen Hohläugigkeit und Kanzlerfigur zu halten

... wenn Monsieur Hennessy mit einem Moët & Chandon lockt

... wenn man erfahren muß, daß Mercedes doch ziemlicher Käse ist

... wenn man sich mit seiner Tochter Weihnachten über Schokostreusel streiten muß

... wenn die Ananas aus Sevilla eigentlich von der Elfenbeinküste kommt

... wenn man wegen Kaviar zu Boden geht

... wenn Waigel und Lafontaine am heimischen Herd die Suppe auslöffeln

Frühstück mit Elfi

„Sag mal, die Brötchen hast du zu hart aufgebacken. Du mußt den Toaster auf Zwei stellen", informiert mich meine Frau zu morgendlicher Stunde.

„Das ist doch völlig nebensächlich. Wenn ich hier gerade lese, daß sich die israelische Regierung in einer ernsten Krise befindet. Was machen wir denn da?"

„Wo ist eigentlich die Himbeer-Marmelade. Hast du die wieder vergessen?"

„Diese Regierungskrise in Israel und die Probleme mit dem Euro. Wie sollte ich da um Himmels Willen an Himbeer-Marmelade denken!"

„Du solltest sie aus der Küche holen. Die Himbeeren im Nahen Osten sind auch schon reif."

Ich eile in die Küche und nehme zur Vorsicht noch ein Glas Erdbeer-Marmelade mit.

„Lassen dich die Unruhen in Pakistan eigentlich völlig kalt? Wohin driftet dort die Demokratie?"

„Wenn du so weitermachst, wird dein Tee kalt. Das trifft dich persönlich."

„Der schmeckt sowieso nicht. Durch die Erwärmung der Erde kriegen die Teebüsche in Darjeeling zuviel Regen. Da fehlt jetzt das Aroma."

„Dann nimm doch Maracuja Exotenmischung. Die ist wie eine Disco im Mund."

„Wir sollten die Tropen schützen und nicht alle Früchte ausplündern. Maracuja sollte den Eingeborenen vorbehalten sein."

„Und deine Milch? Soll die den Bauern in der Eifel verbleiben, um das Mittelgebirge nicht auszurauben?"

„Die Milch ist nicht aus der Eifel, sondern aus der Rhön, und die liegt in Hessen. Und denen geht es verdammt gut."

„Und was ist mit unseren Eiern? Willst du die nicht auch für humanitäre Hilfe verwenden?"

„Die Eier bleiben hier. Am besten kochst du mir eines ganz hart. Wegen der harten Zeiten. Und vergiß dabei nicht die Regierungskrise in Israel.“

Hunger und die schlanke Mitte

Irgendwann hat jeder Hunger. Aber wie bezwingt man ihn? Ich kenne Leute, die überlegen sich bei jeder Brotschnitte, wieviele Kalorien sie hat, und sind unglücklich, wenn auf dem Joghurt nur Joule stehen. Sie meiden Fett, aber auch Eiweiß, stehen dem Zucker feindlich gegenüber und ernähren sich überwiegend von Gemüsesäften.

Sie erkennen diese Menschen an ihrem schlanken, teilweise dürren Körper und einer unübersehbaren Hohläugigkeit. Ihr Hintern paßt in keine herkömmliche Hose, und ihr Gürtel steckt immer im letzten Loch. Zudem sind sie fahrig und zwinkern mit den Augen.

Wollen Sie mit solchen Leuten in Verhandlungen treten oder Geschäfte machen? Nein! Man wird schon nervös, wenn man ihre Spitzknochen zählt. Sie konferieren nicht in angenehmen Restaurants, sondern bevorzugen kahle Sitzungsräume ohne Aschenbecher und mit viel Mineralwasser – kohlensäurefrei.

Wie anders jene, die unserem voluminösen Kanzler nacheifern, vor keinem Saumagen scheuen, Biere in sich hineinstemmen und sich bei den Hauptspeisen nachlegen lassen, um schließlich das Dessert doppelt zu bestellen. Sie lästern über die Margarinefresser, loben Omeletts mit vielen Eiern und lassen sich die Hosen weiter machen, wenn Weihnachten vorbei ist. Diese Spezies kennt alle einschlägigen Gaststätten, hat Restaurantführer im Auto und verdankt ihre Schnelligkeit allein dem Gaspedal.

Wenn Sie sich nun entscheiden müssen zwischen den beiden Extremen, sind Sie dann nicht für die Mitte? Für eine neue Mitte, fernab jeder Enthaltsamkeit, aber auch weit weg von Völlerei? Nehmen wir einmal an, Sie hätten Normalgewicht, also ein bißchen mehr als normal, dann gelten folgende Empfehlungen:

1. Anschaffung einer Waage mit digitaler 100-Gramm-Anzeige.

2. Jeden Morgen um 6.00 Uhr ein 10-Kilometer-Lauf.

3. Anschließend Frühstück mit etwas Wurst, etwas Käse, etwas Marmelade und 40%igem Quark, dazu eine Tasse Kaffee mit viel Milch und Zucker (Sahne schmeckt allerdings besser).

4. Mittags eine kleine Suppe in der Kantine mit einer winzigen Wurst und viel Linsen. Um den aufdringlichen Geschmack dieser Flüssigkeit zu vertreiben, eine kleine Portion Kuchen.

5. Am Abend zu Hause ein schmales, aber ziemlich langes Stück Fleisch mit Soße. Nur fünf Kartoffeln, die ohne Butter nicht munden. Zum Abschluß etwas Vanilleeis mit Schokolade.

6. Nach dem Essen ein Schoppen Rotwein von der kräftigen Sorte oder ein bis zwei Flaschen Bier. Dazu knabbert man eine Dose Salzletten.

7. Sie gehen zu Bett, schlafen nicht besonders gut, stehen nachts auf, um das Bier abzuschlagen, und steigen morgens wieder auf die Waage.

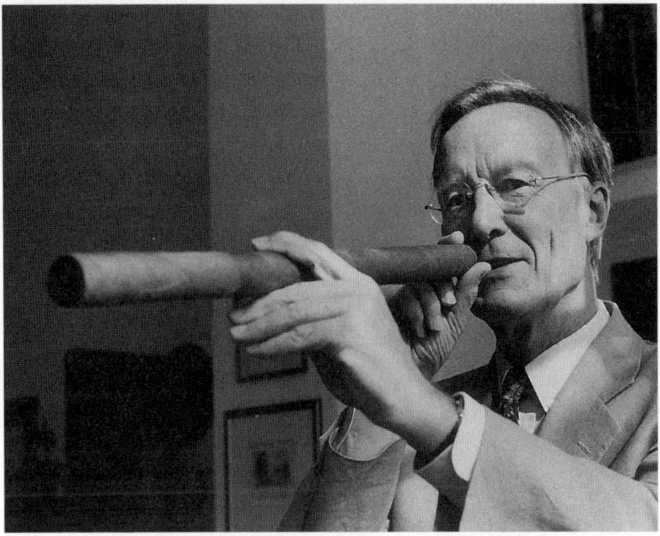

Je länger, je lieber – der Havanna-Freak

Jetzt kommt das Problem: Sie müßten eigentlich 20 Kilometer laufen, um ihr Gewicht zu halten, kämen dadurch aber zu spät zum Dienst. Das Problem ist der Arbeitgeber, der immer Pünktlichkeit abverlangt und sie daran hindert, ihr Gewicht zu halten.

Ist es da ein Wunder, daß so viele Chefs derart unbeliebt sind?

Billiger Champagner

Französischer Schaumwein, im Volksmund und bei der Europäischen Union auch Champagner genannt, ist bekanntlich nicht billig. Deshalb lenkt uns der Geiz auf preiswerte Angebote in Supermärkten. Schon für 16,95 DM erhalten Sie ein fein-säuerliches, teilweise auch recht neutrales Gesöff.

Wer aber höher hinaus will, muß kräftig löhnen. Etwa für einen Veuve Clicquot Ponsardin, kurz: die eiskalte Witwe. Sogar für einen Moët & Chandon muß man anständig berappen.

Neulich bei einem Bankett in Leverkusen, das dem Fußballclub AS Monaco gewidmet war, traf ich Herrn Hennessy bei einer Kaviarprobe, die das Festmahl eröffnete.

„Savez vous, wissen Sie", sagte der Monsieur, „Kaviar muß man auf den Handrücken legen und beschnuppern, dann werden Sie feststellen, constater Monsieur, ob er wirklich frisch ist."

„Und die Farbe?"

„Je dunkler die Eier – ouefs –, desto jünger ist der Störfisch."

„Und die helleren?"

„Sind von ganz alten Fischen. Undert Jahre alt."

„Muß denn der Kaviar kühl bleiben?"

„Sischerlisch, sonst verdirbt der Eiweiß."

„Und warum stecken denn die Leute hier die vollen Kaviardosen in ihre Jackentaschen?"

„Barbaren!"

„Bei Barbaren fällt mir die Formel 1 ein, da bespritzt der Michael Schumacher seine Konkurrenten immer aus großen Flaschen Moët & Chandon. Den trinke ich nicht mehr."

„Soweit würde isch nicht gehen. Mieux est l'ennemi du bien. Das Bessere ist der Feind des Guten."

„Wo ist es?"

„Beim Moët & Chandon premier cru. Isch schicke Ihnen einen Kartong."

Ich wartete zwei Monate auf meinen „Kartong", bis er schließlich tatsächlich eintraf. Er war ungeheuer preiswert, nämlich gratis.

Jetzt wissen Sie, wie man an billigen Champagner kommt. Aldi dürfte neidisch sein. Und dazu Kaviar. Aber der war auch in meiner Jackentasche zu warm geworden.

Alles Käse!

Meine Leidenschaft für alles, was gut schmeckt und riecht, hat mich dem Käse nähergebracht. Sie kennen meine starke Vorliebe für Mozzarella. Sie wissen auch um meine Sehnsucht nach Emmentaler. Ihnen ist nicht entgangen, wie sehr mich Greyerzer beeindruckt. Und dann der Zauber von Camembert!

Wenn man so fanatisch ist, tendiert man eines Tages zu einem Käse-Fondue und sucht in einschlägigen Kochbüchern nach Rezepten. Ich fand eines und bat mein Eheweib, die Ingredienzien einzukaufen.

„Wieso Appenzeller? Appenzeller sind die Ostfriesen der Schweiz“, wandte meine Frau ein.

„Ich mag Appenzeller. Sie geben dem Fondue den Hautgout.“

„Schweizer Emmentaler“, meinte daraufhin meine Frau. „Der aus Finnland ist auch gut und erheblich billiger.“

„Also finnischer, aber der kommt doch aus dem Allgäu.“

„Das ist mir neu“, erwiderte ich.

„Die finnischen sollen aus Elchmilch sein.“

Während wir so redeten, fiel mir noch etwas Schweizer Fendant ein. Meine Frau besorgte dann alles. Als wir den Käse heiß machten, fehlte plötzlich Kirschwasser. Ich nahm einfach Mirabellengeist, gleich zwei große Schnapsgläser. Schließlich war das Fondue bereitet und stand auf dem Rechaud. Die Flamme loderte. Die langen Gabeln steckten mit Weißbrot gespickt im flüssigen Käse.

Mein Sohn langte zu, langte zu heftig zu, das Rechaud kippte um, kippte vom Ständer, fiel auf die Seite, Flamme erlosch, Tischdecke ein Käsesee. Während wir das Weißbrot über die gummierte Tischdecke schoben, um des kalten Käses habhaft zu werden, sagte meine Tochter: „Der Topf ist A-Klasse.“

„Wieso?“ fragte ich dumm.

„Das war der Elch-Test, und morgen schreiben wir an Mercedes, damit die nicht so allein sind."

Das Hagelslag-Granulé

Heiligabend-Mittag. Letzte Vorbereitungen für das Fest. Während die fleißige Hausfrau noch die Päckchen verschnürt, um dem Christkind die Arbeit zu erleichtern, steht der Hausherr seinen Mann.

In leicht gebückter Haltung versucht er den Weihnachtsbaum mit Hilfe eines Käsemessers so zuzuschnitzen, daß er fichtennadelgenau in den Ständer paßt, was Schwierigkeiten bereitet.

Da naht die Tochter: „Sag mal Papi, was heißt eigentlich Hagelslag-Granulé auf deutsch?"

„Kind, was soll das? Ich bin gerade mit einer äußerst schwierigen Arbeit beschäftigt."

„Erstens bin ich kein Kind mehr. Und zweitens will deine fast erwachsene Tochter von dir wissen, was Hagelslag-Granulé heißt!"

„Also ich darf doch wohl noch 'Kind' zu dir sagen! Bedenke – man redet auch wechselweise vom Christkind oder vom Weihnachtsmann."

„Ich will keine Erläuterungen zum Weihnachtsfest. Ich will wissen, was Hagelslag-Granulé bedeutet."

„Ich frage mich wirklich, wieso ich in meiner Jugend immer vom Christkind zu hören bekam, und das bescherte auch noch am 1. Weihnachtstag. Heute kommt der Weihnachtsmann am Heiligabend. Welch verrohte Sitten."

„Kannst du mal deine Jugenderinnerungen zurückhalten und dich der Übersetzung von Hagelslag-Granulé widmen?"

„Also: Hagelslag hat mit Weihnachten nichts zu tun. Es handelt sich um die holländische Bezeichnung für Hagelzucker, und Granulé ist dasselbe auf französisch."

Ich bin derart stolz auf meine Vielsprachigkeit, daß ich vor Begeisterung das Käsemesser abbreche. Weihnachtsbäume sind eben härter als Käse.

Ich setze mein Werk mit dem Brotmesser fort und verletze mich dabei geringfügig am Daumen. Da ruft meine Tochter aus dem Wohnzimmer: „In der Packung mit Hagelslag-Granulé sind aber Schokoladenstreusel drin. Du kannst gar kein Holländisch, und dein Französisch ist auch schlecht."

„Immerhin – ich lag nur knapp daneben, denn zwischen Streusel und Hagel gibt es so gut wie keinen Unterschied. Außerdem solltest du lieber lernen, was 'Ich habe mir in den Daumen geschnitten' auf Holländisch heißt! Das kommt im Leben häufiger vor als Hagelslag-Granulé."

„Ich habe mir doch nicht in den Daumen geschnitten. Wer das lernen sollte, bist du!"

Von wegen Eifel – Markterlebnisse

Für meine Familie brauche ich hin und wieder frisches Gemüse, Salat und auch Knoblauch, denn gemeinsamer Geruch verbindet. Um in angenehmem Ambiente meine Einkäufe zu tätigen, eile ich auf den Markt. Zunächst kaufe ich einen halb verwelkten Strauß Petersilie zum halben Preis, den ich später unserem Kaninchen zum Fraß vorwerfe. Dann gelange ich an einen Stand, der wunderschöne Äpfel anbietet.

„Äpfel aus heimischem Anbau. Kaufen Sie Obst vom Eifelbauer!" ruft der Verkäufer.

Ich betrachte die Kiste näher und stelle fest: Das Obst kommt aus Südafrika. Cape fruits, nichts von Eifel. Unentschieden, ob ich mich für die südafrikanischen Eifeläpfel entscheide, schallt mir der nächste Ruf entgegen.

„Ananas aus Spanien, diese herrlich frischen Ananas aus Sevilla!"

Ich stutze. Ananas aus Sevilla? Ich frage den Verkäufer: „Wieso aus Sevilla, da ist es für Ananas doch viel zu kalt."

Der erwidert unverfroren: „Glauben Sie ernsthaft, ich könnte diese Dinger verkaufen, wenn ich riefe – Ananas aus Guadalquivir?"

„Wo kommen die denn tatsächlich her?"

„Von der Elfenbeinküste, eigentlich Côte d'Ivoir. Aber die kennt doch kein Schwein. Wer will damit Umsatz machen?"

Leicht frustriert wende ich mich ab und steuere auf einen Stand zu, von dem mich prächtige dunkelrote Tomaten anblinzeln. Ich zücke schon mein Portemonnaie, um ein Pfund zu erstehen.

„Was kosten die Tomaten?"

„5,50 DM das halbe Kilo."

„Das ist aber verdammt teuer!"

„Die sind auch aus Island. Das ist was Besonderes. Sie wissen, Treibhäuser, Geysire und Vulkane."

Oh, denke ich, ein gebildeter Mann und dann auch noch Tomaten aus Island. Ich kaufe und werfe einen Blick auf das Holzbehältnis, worin die nordischen Produkte liegen. Da steht zu meiner Überraschung „Canary Islands", Kanarische Inseln. Naja, die auf Teneriffa haben ja auch einen Vulkan. *So* falsch ist Island also nicht.

Essen bei Herrn Michelin

Es gibt einfache Gaststätten, normale Restaurants und Nobel-Etablissements, die mehrere Kochlöffel, Mützen oder

Sterne haben und von denen der berühmte Michelin-Führer meint, sie seien einen Umweg wert.

Sind sie das wirklich? Zunächst werden Sie sich wie wir festliche Kleidung anlegen, Ihre Frau das kleine Schwarze. Sie parken in sicherer Entfernung, um die prestigelose Größe Ihres Autos zu verbergen, und wenn es nicht gerade regnet, schreiten Sie fürbass in Richtung Portal, davor ein dienstbarer Geist.

„Guten Abend, hatten Sie reserviert?"

„Ja."

„Die Dame wird Sie zur Garderobe geleiten."

„Gewiß und schönen Dank."

Wir gelangen an eine reich bepelzte Garderobe und schließlich an den Tisch Nr. 13, bekanntlich eine Unglückszahl.

Kaum haben wir Platz genommen, werden die Stühle von hinten, genauer gesagt, von einem starken Kellner nachgeschoben, wobei ich mein Knie einklemme. Ich erdulde es und nehme das Menü.

„Ich habe Ihnen aber auch einen geräucherten Stör mit Kaviar anzubieten", sagt der Ober. Ich wechsele zum Stör, meine Frau bleibt beim Menü mit Wolfsbarsch, zu Deutsch „Loup de mer".

Die Suppe ist so klar, daß sie nur winzige Flecke auf meiner Hose hinterläßt, als ich sie ungeschickt – weil eingeklemmt – verschütte.

„Du Tölpel", lästert mein Eheweib, „kannst du nicht besser aufpassen? In diesem Edelschuppen!"

„Ich kann mich so schlecht bewegen, der Kellner hat mich eingeklemmt."

Der geräucherte Stör macht mir keinerlei Probleme, aber der Kaviar. Ich esse so selten Kaviar, und das Balancieren der schwarzen Kügelchen habe ich nie gelernt. Also rollen sie auf mein Jackett, dann auf den Fußboden.

„Paß auf", flüstert meine Frau, „benimm dich."

Ich bin ganz aus der Fassung und lange nach den Kügelchen auf dem Boden, rücke den Stuhl weg, stehe auf und komme auf dem Parkett zu liegen, genauer gesagt auf dem Kaviar. Der Ober ist mir beim Aufstehen sehr behilflich. Wir verlassen kurz darauf die edle Stätte.

„Man muß sich mit dir schämen", meint meine bessere Hälfte. „Demnächst gehen wir in ein einfaches Restaurant, da kannst du über Kaviar nicht mehr ausrutschen."

„Nein, aber über Erbsen."

Catering mal anders ...

Vor 10 Jahren wußte kein deutscher Durchschnittsmensch, was „Catering" überhaupt bedeutet. Heute begegnen wir überall dienstbaren Geistern, die Speisen und Getränke anliefern, Gäste und Gastgeber bekellnern und der Hausfrau das mühsame Kochen und Auftischen ersparen. Man lehnt sich zurück und das Fünf-Gänge-Menü wird serviert, alles frisch – frisch aus heißen Behältnissen.

Muß unter diesen Umständen eine junge Hausfrau überhaupt noch kochen lernen? Weit gefehlt! Sie kann sich herdfrei den eigentlichen Problemen der Weltwirtschaft widmen. Aber wie will die gnädige Frau ihre Erkenntnisse bei einer erlesenen Tischgesellschaft an den Mann bringen? Am Ende sitzen nur Unwissende an der Tafel.

„Human Catering", das Catering mit Menschen, ist die Lösung des Problems. Mit den Speisen und Getränken kann man gleichzeitig die Tischgäste mieten. Die Firma stellt Ihnen vorab eine Liste zur Verfügung, aus der Sie neben Hummer und Champagner auch die passenden Tischgenossen wählen können. Hier eine kleine Auswahl: vermögender Sozialdemokrat mit „Schröder-Ansichten", einfacher Sozi à la Lafontaine, christdemokratischer Steuerexperte im kleinen Waigel-Format, gewichtiger Unternehmer mit „Kohl-Allüren", Liberale mit oder ohne Fallschirm nach Art des Möllemann.

Da kann sich dann schnell eine flotte Unterhaltung entwickeln.

Kohl-Imitat an Sozi: „Ach wissen Sie, Ihre Besteuerung des Hummers kostet in Kanada tausend Arbeitsplätze."

Schröder-Ansichten-Vertreter: „Denken Sie bitte an VW mit den hummerfarbenen Autos, das kostet weitere Arbeitsplätze."

Die Hausfrau wirft ein: „Wie hat denn das BSE-freie Beefsteak geschmeckt?"

Darauf Möllemann: „Ich habe die Herde von oben gesehen, sie machte einen ziemlich verstörten Eindruck."

„Woher wissen Sie das?" erkundigt sich die Hausfrau.

„Wir Freidemokraten haben aus der Luft die besten Perspektiven."

„Lassen Sie sich Ihr Honorar zurückgeben, Sie Luftikus", zischt Lafontaine.

„Haben Sie es überhaupt versteuert?" fragt der Waigel-Enthusiast.

„Die Steuern sind viel zu hoch", merkt Kohl an.

Lafontaine: „Nicht hoch genug. Ich gehe! Diese Kapitalisten."

Draußen treffen sich schon mal drei der Gemieteten.

„War ich nicht gut?" meint Schröder.

„Es war eine Katastrophe", sagt Waigel.

„Richtig, der 86er Rotwein, eine Katastrophe, der war zwei Grad zu kalt", referiert Schröder.

„Mensch, der kostet doch 700 DM die Flasche", stellt Lafontaine fest, „was machen da zwei Grad?"

„Viel", meint Schröder, „darum habe ich eine Flasche mitgenommen. Die ist jetzt richtig temperiert. Wollen wir die trinken?"

„Ja", jubelt Lafontaine. „Auf den Sozialismus!"

„Prost", ruft Waigel. „Vernichten wir die Roten!"

Sötenich und Roturua

Mit dem Kurfürst auf Achse

Welche Fragen sich stellen ...

... wenn ein Traumpaar mehr kleckert als klotzt

... wenn es für neuseeländische Backwaren keine Wanderkarten gibt

... wenn man im Flieger Tomatensaft statt Schampus bekommt

... wenn einer alten Dame im Zug ein Buch auf den Kopf fällt

... wenn man in Weilerswist auf den Zug nach Tokio wartet

izei Köln
Unterstützen Sie uns
bei unse

Das Traumpaar

Nein, die sind nicht miteinander verheiratet. Er über 1,80, um die 40, noch gut dabei, eher schlank und höchstens ein winziges Bäuchlein. Sie, Anfang 30, auch groß, eine sportliche Erscheinung und alles ist an der richtigen Stelle und nirgends zuviel.

Da sitzen sie beim Frühstück im Hotel, und er holt ihr so nett ein weichgekochtes Ei. Sie lächelt, als er es ungeschickt aufschlägt und sie mit Eigelb bekleckert, auf ihre weißen Shorts, enge Shorts, wo zwischen Bein und Stoff wirklich kein Eigelb mehr paßt.

Wie herbeigezaubert hat er ein nasses Tuch zur Hand und reicht es ihr. Zum Teufel, warum legt der nicht selbst Hand an und reibt behende, aber sittsam auf dem Oberschenkel seines Gegenübers den Fleck breit? Welch eine verpaßte Gelegenheit. Dabei lächelt sie so freundlich aus den braunen Augen.

Wären die beiden miteinander verheiratet, würde sie wahrscheinlich eher treu blicken. Woher ich weiß, daß sie nicht verheiratet sind? Naja, wären sie im Stande der Ehe, hätte sie ihn doch wohl aufgefordert, ihr bei der Fleckenbeseitigung zu helfen.

Und dann beim Abendessen! Die beiden haben sich auf das Vortrefflichste gewandet, gekleidet wäre viel zu trivial. Die currygelbe Hose und das blaue Designerhemd mit den geflochtenen Slippern stehen seiner Bräune gut. Obwohl mich die Hose ans Eigelb vom Frühstück erinnert.

Und dann sie! Ein Schlauchkleid in zartem Lindgrün, und die hohen Hackies lassen ihre Beine noch länger erscheinen. Jetzt sieht man erst, wie die Sonne das lange Haar gebleicht hat. Weiß wie ein Engel – ja ein Engel könnte nicht vorteilhafter daherschweben.

Und sie plaudern so nett miteinander. Ein länger verheiratetes Ehepaar würde sich doch eher ausschweigen. Was mich ein wenig überrascht, vielleicht auch stört, ist die Tatsache, daß sie am Ende des Abendessens wieder einen Fleck auf ihrer Kleidung trägt, diesmal rot, von der Paprikasoße. Oder war es der Nachtisch mit dem Himbeermus? Aber man darf ja auch mal Pech haben.

Zur Abendunterhaltung hat sie sich wieder umgezogen. Ein spaghettiartiges Hängerchen in Schwarz. Einfach entzückend! Und er in einem rosa Polohemd mit schwarzen Edeljeans. Mein Gott, was für ein Paar. Und wie angeregt sie plaudern.

Am nächsten Morgen am Strand. Einteilige Badeanzüge können himmlisch sein. Da wirkt ein Bikini wie ein plumper Fummel. Sie trägt ihn mit blau-rot-grauem Blumenmuster, jede Blume an der richtigen Stelle. Und er reibt ihr den Rücken ein.

Schon ist es passiert. Das Öl läuft in den rückwärtigen Ausschnitt und hinterläßt eine häßliche Spur auf dem Einteiler. Sie merkt es erst relativ spät. Ihr Lächeln gefriert. Das Gesicht verzieht sich böse, und ich höre sie hart und deutlich sagen:

„Ich habe d ich nur zum Rückeneinreiben mitgenommem – und selbst da versagst du!"

Jetzt wissen wir es. Es gibt Leute, die nur zusammen in Urlaub fahren, um sich gegenseitig den Rücken einzureiben.

Bei einigen fragt man sich allerdings, wo sie anfangen und wo sie aufhören.

Wandern in Roturua

Gott sei Dank gibt es noch gute Kartenläden, wo man so ziemlich alle topographischen Erzeugnisse kaufen kann, die gängig sind.

„Ich hätte gerne eine Wanderkarte, 1:50.000, für die Nordeifel, da muß aber Sötenich drauf sein, weil wir da Station machen wollen“, teilte ich dem hilfsbereiten Verkäufer mit.

„Sötenich kenne ich nicht“, meinte der beiläufig.

„Sie kennen Sötenich nicht? Diesen berühmten Ortsteil von Kall, mit den Kalkmulden?“

„Nein, aber Kall ist auf der Karte drauf.“

„Gottlob, da gibt es eine Bäckerei gegenüber dem Bahnhof, die hat phantastischen Apfelkuchen – und so preiswert.“

„Wenn Sie meinen. Für Backwaren hat die Karte kein Zeichen.“

Im selben Augenblick eilt ein dynamischer, aber recht trostlos, d. h. schwarz angezogener Jüngling auf uns zu und sagt:

„Ich kenne die Bäckerei, aber ich meine, die Käse-Sahne sei besser. Übrigens“, fuhr er fort und wandte sich energisch dem Verkäufer zu, „ich hätte gerne eine Karte von Neuseeland. Von der Nordinsel, aber nur bis Wellington.“

„In welchem Maßstab?“ erkundigte sich der Verkäufer.

„1:200.000.“

Jetzt muß dieser Pisepampel, der noch nicht einmal Sötenich kennt, passen, dachte ich. Aber weit gefehlt. Im Nu hat er die Blätter zur Hand, alles drauf, von Auckland bis Wellington.

„Was die Käse-Sahne anbelangt“, brachte ich mich erneut ein, „was die Käse-Sahne anbelangt, da kann ich einen guten Laden in Gisbourne empfehlen. Auf der Hauptstraße. Linker Hand. Wenn Sie von Hastings kommen.“

„Das ist doch auf Neuseeland“, erstaunte sich unser potentieller Weltenbummler, während der Verkäufer herumstummte.

„Ja, die haben nur Käsekuchen, wegen der Temperatur.“

„Woher wissen Sie das?“

„Ich fahre da häufiger runter, wegen des Kuchens. Man gönnt sich ja sonst nichts.“

„Können Sie mir Weiteres empfehlen?"

„Ja, in Hastings können Sie schicke Shorts kaufen. Bei McDunnedan. Und meine Frau ersteht gern maisgelbe Pullover von Cartwrights. Die liegen in einer Seitenstraße. Drittes Haus rechts. Und in Roturua sollten Sie zu den Liptons gehen. Die haben den besten Honig, nämlich Rata, Manuka und Kamahi."

„Vielen Dank", stammelte der Neuseelandfahrer. „Sie sind wirklich gut informiert."

„Übrigens", herrschte ich den Verkäufer an, „wissen Sie wenigstens wo Roturua liegt?"

„Nein, mein Herr", war die Antwort. „Wer Sötenich nicht kennt, für den ist Roturua zu weit. Und den Manuka-Honig kaufe *ich* bei Karstadt."

Verpatztes Flugleben

In einem großen Passagierflugzeug sind Sie unter 400 Mitreisenden eher eine Null. Auch wenn Sie mit Ihrer Frau die Sitze 1 A und 1 C, Handgepäck auf 1 B reserviert haben. Würden Sie, um Ihre Bedeutung zu unterstreichen, sich in den besten Zweireiher zwängen und Platz nehmen, dann knautschte das gute Stück so sehr wie das Kostümchen, das Ihre Angetraute so gut kleidet. Ja, Sie könnten sogar für Angestellte der Luftfahrtgesellschaft gehalten werden und zu Irrtümern Anlaß geben wie: „Ihre Airline könnte sich auch einen besseren Service leisten!"

Wie wahr. Ein bißchen Champagner nach dem Erreichen der Flughöhe vertriebe manche Sorgen. Aber der Schampus kommt nicht, dafür gibt es Tomatensaft mit Pfeffer. Welch ein verpatztes Flugleben. Und wie wenig Beachtung durch die übrigen Fluggäste.

Wie kann man aus der ungeheuren Menge der Passagiere herausragen? Hier ein Tip: Kaufen Sie sich teure Aluminiumkoffer, gewellt, mit blauem Mittelstreifen, nicht einen, sondern eine Kollektion in allen Größen, mindestens fünf. Der kleinste für eine Mini-Kamera, um die herum Sie wegen des großen Freiraums noch Socken drappieren.

Schon beim Einchecken bemerken Sie die neidischen Augen der Schlange, die Sie hinter sich verursacht haben, weil Sie noch mehr als detaillierte Verhandlungen zum Übergepäck mit dem Bodenpersonal führen. Im Flugzeug wiedererkannt, schwanken die meisten Mitflieger zwischen Neid und purer Verachtung, entscheiden sich dann aber doch überwiegend für Neid.

Und dann erst bei der Ankunft. Das Gepäck kurvt über das Transportband. Lassen Sie es mehrmals zirkulieren, geben Sie den übrigen Touristen ausführlichst Gelegenheit, es in Ruhe zu bestaunen.

Vermeiden Sie aber, die Koffer zu stark zu füllen. Es könnte sein, daß eines dieser wunderschönen Exemplare aufspringt und diverse Nachthemden unschön heraushängen. In diesem Fall sollten Sie warten, bis die letzten ihren Koffer haben, dann sollten Sie den Ihrigen schnappen, alles wieder reinstopfen und als letzter versuchen, den Bus zu erreichen, der Sie eigentlich zum 50 km entfernt liegenden Hotel bringen soll.

Der Bus ist aber abgefahren. Jetzt müssen Sie für teures Geld eine Taxe nehmen und sind deshalb doch als Erster da, stehen am Hotelempfang, und hinter Ihnen scharen sich die Businsassen.

„Das sind doch die mit dem Nachthemd, das aus dem Alukoffer quoll." „Ja, ja, die kennen wir doch, das sind die von 1 A bis 1 C. Haben Champagner verlangt und Tomatensaft bekommen. Diese Angeber, und die Koffer haben sie sich nur geliehen!"

Die Bahn kommt bestimmt, wenn er ruft – zur Not mit Verspätung

Intermezzo im Abteil

Wie immer sitze ich im Zug, halboffenes Abteil, sowas Modernes. Mir schräg gegenüber ein junger Mann, der liest. Er wird müde, das Buch fällt zu Boden. Er stößt mit dem Kopf gegen die Knie der Nachbarin, entschuldigt sich und legt das Buch auf meinen Koffer. Von diesem Moment an will ich an das gute Stück. Seitdem das Buch darauf liegt, habe ich einen unbestimmten Drang, ihn zu öffnen. Ich weiß nur noch nicht, was ich herausnehmen soll.

Ich fasse das Buch vorsichtig an und deponiere es auf der Gepäckablage. Der junge Mann, inzwischen eingeschlafen, wacht auf, vermißt die Lektüre, sucht, sein Auge fällt auf die Ablage, er greift nach seinem Lesestoff, allerdings zu forsch, und das Buch fällt im Nachbarabteil auf den Kopf einer älteren Dame.

„Was fällt Ihnen ein! Ich bekomme jetzt sicher eine häßliche Beule!"

„Nichts fällt mir dazu ein", stellt wahrheitsgemäß der junge Mann fest.

Da ist aber was los.

„Können Sie sich nicht benehmen? Diese Jugend von heute", schimpft sie weiter, der Jüngling schweigt.

Sie schimpft immer noch. Schließlich wird es mir zuviel. „Hören Sie, Sie haben jetzt genug gesagt. Der Mann kann nichts dafür."

„Nichts dafür? Wer sagt das? Sagen Sie das? Aha, jetzt erkenne ich Sie. Sie mischen sich immer in alles ein. Sorgen Sie besser dafür, daß ..."

Der junge Mann lächelt zufrieden. Die Dame hat ein neues Opfer gefunden.

„Und außerdem wollte ich ein Autogramm von Ihnen."

„Möchten Sie auch eins?" frage ich den Buchbesitzer höflich.

„Nein, von Ihnen niemals, Sie haben mich neulich ..."

„Sehen Sie, was diese jungen Leute für ein Benehmen haben", meint die Dame und redet erneut auf ihn ein.

An der nächsten Station steige ich aus. Ich komme gerade am Fenster unseres Abteils vorbei, da ruft der junge Mann:

„Geben Sie mir bitte doch ein Autogramm, damit diese alte Schachtel aufhört, mich zu bequatschen."

Doch bei dem Versuch, mir das Buch aus dem Fenster zu reichen, fällt es auf die Schienen.

„Sie haben aber wirklich Pech", meine ich. „Es würde mich nicht wundern, wenn ich Sie bei der nächsten Alkoholkontrolle mit mehr als 0,8 Promille anträfe."

„Mein Herr", erwidert der Jüngling, „Sie haben mich bereits angetroffen. Mein Führerschein ist weg. Und wie Sie sehen, bin ich ans Zugfahren noch nicht so recht gewöhnt."

Yang, yang, Saigon

In der Voreifel, aber auch am Bach namens „Swist" gelegen, finden Sie unweit Euskirchen und schon etwas weiter von Köln die idyllische Gemeinde Weilerswist. Idyllisch gilt aber nur für die Landschaft. Wenn es nach dem Gemeinderat ginge, müßte der Ort „Weilerszwist" heißen. Fragen Sie den Bürgermeister.

Ich habe Ihnen aber noch nicht den Bahnhof beschrieben. Sehen Sie, da liegt er in der Spätnachmittagshitze eines heißen Junisonntags und ist voller Menschen, voller interessanter Menschen. Ganz rechts steht ein junger Mann ohne Schlitzaugen, der aus einem unscheinbaren Buch laut vorliest, etwa so: Yang, yang, Saigon. Muß wohl Vietnamesisch sein. Das wiederum irritiert zwei ältere Damen, die den Zug nach Euskirchen verpaßt haben, weil ihr Neffe keinen Fahrplan lesen kann.

„Aber Kind, der Zug geht doch nur in der Woche, wie lange müssen wir denn jetzt noch warten?"

„Ich glaube eine Stunde."

„Du sollst nicht glauben, du sollst es wissen."

Etwas weiter rechts sitzt ein Pärchen auf der Bank. Sie knutschen sich, auch für Voreifler Verhältnisse, ziemlich heftig. Das stört ein mittelalterliches Ehepaar.

„Sieh mal, die Jugend von heute, keinen Anstand hat sie, zu meiner Zeit ..."

„Zu deiner Zeit hätte ich dich nie auf einer Bank geküßt, so schön warst du damals nämlich auch wieder nicht."

„Na hör mal, was soll das denn heißen?"

Irgendwie verstehen die meisten Reisenden nicht, warum Bahnsteig 2 mit einer Schranke zu Bahnsteig 1 abgesperrt ist. Darauf steht etwas Tiefsinniges, nämlich: „Es ist verboten, die geschlossene Schranke zu öffnen." Ich lese es von ihren Lippen ab, wie sie immer wieder das Schild buchstabieren: „Es ist verboten, die geschlossene Schranke zu öffnen."

Die leicht gekleidete Dame mit Hund, der gerade den Fahrkartenautomaten bepinkelt, steckt sich eine Zigarette an. Sie hüstelt. Könnte eigentlich ein paar Pfund mehr auf den Rippen haben. Und sollte der junge Kahlkopf den Geißbockaufkleber an seinem Rad nicht besser abkratzen?

Schließlich plärrt der Lautsprecher: „Der Stadtexpress von Saarbrücken nach Köln hat fünf Minuten Verspätung."

Gleichzeitig öffnet sich automatisch die Schranke zwischen den Gleisen, alles stürzt auf Bahnsteig 2. Nur nicht der Mann aus Saigon. Der leiert weiter sein „Yang, yang, Saigon". Ich rufe ihm zu: „Wollen sie nicht mitkommen?"

„Nein, ich nehme den Zug nach Mechernich, sie Blödmann, der fährt doch in die andere Richtung."

Böse antworte ich: „Nach Saigon müssen sie aber über Köln." Darauf er: „Sie haben keine Ahnung, ich studiere Japanisch, und nach Tokio fliege ich von Düsseldorf Airport. Lassen Sie mich bloß mit Köln in Ruhe. Die sind abgestiegen. Mechernich ist immerhin siebter ..." Die Zugtür schließt. Ich kann den Mann nicht mehr hören. Aber siebter, das ist doch mal was. Fragen Sie Guildo Horn.

20 Jahre im Amt – der Kurfürst steht zur Feier im Brühler Schloß

Das liegt am Klinsmann

Lust und Leid in Sport und Freizeit

In welche Not man gerät …

… wenn man nicht begriffen hat, daß auch Schwimmen nur eine Frage des Stils ist

… wenn man so tut, als sei man auf einer Sonnenbank in der Karibik

… wenn man der deutschen Nationalmannschaft ein Leben lang zuschauen muß

… wenn Sarah für Oliver schwärmt, Oliver in Italien spielt und Sarah die Tochter des Kurfürsten ist

asics
2

Rückenlage bevorzugt

Ich bin ziemlich wasserscheu und habe erst in späten Jahren Schwimmen gelernt. Und das auch nicht freiwillig. Man hat mich in tiefes Gewässer gestoßen. Nur mein nachhaltiger Lebenswille bewahrte mich vor dem denkbar Schlimmsten, nämlich gerettet werden zu müssen. Nie hat man mir ordentlich beigebracht, wie man vorschriftsmäßig Arme und Beine bewegt. Als Brustschwimmer bin ich so langsam, daß meine Mitschwimmer mich grundsätzlich aus den Augen verlieren.

Vor einigen Jahren war ich so vermessen, einer Einladung zu folgen, einen Teil des Bodensees zu durchschwimmen. Meine wißbegierigen Fragen nach der Länge der Strecke wurden lächelnd bis achselzuckend abgetan. Erst zwei Tage später, und zwar nach dem Schwimmen, las ich im Lokalblatt, die Strecke sei 2,2 km lang gewesen, der Erste habe 48 Minuten gebraucht, der Letzte 102. Der Sieger wurde namentlich erwähnt, der Letzte nicht. Ein Glück. Das war nämlich ich. Nur das Begleitboot war langsamer. Ich habe aber im Gegensatz zu denen, die unterwegs schlapp machten und beinahe ertrunken wären, hätte man sie nicht aufgefischt, durchgehalten und auch eine Urkunde erhalten. Ohne Platzangabe versteht sich. Der Erste hatte die gleiche Urkunde. Warum hätte ich da schneller schwimmen sollen?

Kondition ist aber nicht alles. Wenn die Technik fehlt, neigt man zu eigentümlichen Schwimmstilen. Ich bevorzuge Rückenlage und schlage gleichzeitig mit beiden Armen rückwärts. Da den meisten diese Art der Fortbewegung im Wasser unbekannt ist, ziehen sie den Schluß, da würde einer ertrinken. Die Folge: Auf verschiedenen Kontinenten mußte ich bereits meine potentiellen Retter davon abhalten, mich an Land zu ziehen. Im allgemeinen umkreisen Sie mich ungläubig und beharken mich mit fremdem Vokabular. Ich habe mir aber mittlerweile einen großen Wortschatz zugelegt, um meinen Rettern zu erklären, daß ich schwimmen kann.

Nur einmal bin ich wider Willen gerettet worden. Es war am Toten Meer in Israel. Mein Retter konnte kein Englisch. Was auf hebräisch heißt: „Ich kann schwimmen, ich habe nur einen unorthodoxen Stil“, lerne ich jetzt im Winter.

Marathon statt Fußball?

Wenn man kein Auto hat und noch nicht einmal ein Fahrrad, bleibt einem nichts anderes übrig, als zu Fuß zu gehen, um den nächsten Zug zu erreichen. Doch solange die ICE-Strecke Marathon – Athen immer noch nicht fertig ist, wie kann man da von einem Boten erwarten, daß er zeitnah von einem Ereignis berichtet – zum Beispiel von einem gewonnenen Krieg?

Heute geht das ja per Internet im Bruchteil einer Sekunde. Es sei denn, man hat seine Telefonrechnung nicht bezahlt. Warum also in diesem Jahrhundert immer noch Tausende, und das auch noch sonntags, 42 Komma soundsoviel Kilometer rennen, ist für manche Zeitgenossen ein Rätsel.

Die Zeitungen, Radios und auch das Fernsehen berichten mit Euphorie über solche Ereignisse, und wenn sie in Köln stattfinden, droht die Sache ins Guinness-Buch der Rekorde einzugehen, besser: einzulaufen.

Haben Sie sich aber mal Gedanken darüber gemacht, was das alles kostet? Erst müssen die Leute von weit her anreisen, etwa von Ehrenfeld. Das frißt Benzin oder Strom. Circa 127.320 Liter Sprit brauchen die Teilnehmer. Man beachte die Genauigkeit der Berechnung mit der Null am Ende. Über 1000 Kilowatt unnötige Stromkosten entstehen, weil man die Ampeln nicht alle abschalten kann. Dann der Abrieb des Asphalts und des Kopfsteinpflasters durch die Läufer, die verschlissenen Sohlen der Jogging-Schuhe, die durchschwitzten Hemden, Hosen und Stirnbänder – ein Riesengeschäft für die Waschmittelhersteller. Und der Anstieg der Temperatur der Stadt um etwa 1,1 Promille – da beklagen wir die Erwärmung der Erde!

Und schließlich der Verbrauch von Getränken! Jeder Läufer verliert mindestens 10 Liter Wasser.

Doch es gibt auch Vorteile: weniger Autos in der Stadt, die ziellos herumfahren, Hotels die ihre leeren Betten füllen, Läufer die ihr Gewicht halten, Kölschbrauereien, die neue Kunden gewinnen!

Wenn Sie jetzt immer noch nicht mitlaufen wollen: Denken Sie daran, daß der FC abgestiegen ist – da muß Köln wenigstens im Marathon Spitze sein. Rentierlich wird die Sache aber erst, wenn man die Ampeln abschaltet. Jedenfalls nach meiner Berechnung. Und Freunde sollte man wegen der Spritkosten gar nicht erst mitlaufen lassen, dann sind nur Kölner vorn – aber auch hinten.

Auf der Sonnenbank

„Ich hätte gerne einen 10er-Block für jeweils 20 Minuten, aber nicht zu stark."

Wir sind ziemlich unentschlossen in einem Sonnenstudio angelangt, haben uns nach links und rechts vergewissert, daß keine Nachbarn oder gar Freunde uns beim Betreten des Etablissements erkennen. Die Dame am Tresen des Studios, die uns wohlwollend anlächelt, kommt uns ebenfalls fremd vor. Also keine Gefahr.

„Sehr wohl, Herr Doktor, links hätten wir die Karibik mit totaler Bräune und dann noch Ergoline für hellere Töne."

Ich bin ein heller Typ und entscheide mich für Ergoline 44.

Das Handy ist immer dabei, aber meistens abgeschaltet

„Die Kabine ist frei, Herr Doktor. Höhensonne ist auch gut gegen Schuppenflechte."

„Ich habe keine Schuppenflechte, höchstens hin und wieder Schuppen. Aber das ist ein anderes Problem, und das können Sie nicht lösen."

„Sicher wollen Sie in die Sonne fliegen und sich vorbräunen."

„Richtig. In vier Wochen fliegen meine Frau und ich in die Karibik. So vermeiden wir einen Sonnenbrand."

„Warum nehmen Sie dann nicht die Karibik-Kabine?"

„Dann brauche ich gar nicht erst nach Mittelamerika zu fahren, wenn ich Ihnen glauben darf."

„Richtig. Das ist erheblich billiger. 10er-Block Karibik zu 180 DM. Die Ergoline kostet 160 DM. Für 20 DM mehr werden Sie pottbraun."

„Ich möchte aber nach Mittelamerika. Wo ist die Ergoline?"

„Die ist rechts hinten. Vergessen Sie nicht den Augenschutz."

Ich nehme den Augenschutz und hole aus meiner Tasche Sonnenschutzmittel. Die Dame wirft einen Blick auf die Tube und stutzt.

„Sie brauchen kein Sonnenschutzmittel, wenn Sie die Bräunungszeit entsprechend dosieren."

„Ich nehme immer Sonnenschutzmittel, wenn ich in der Sonne liege."

„Lassen Sie mal sehen, was ist das für eine Creme. Lichtschutzfaktor 20. Da brauchen Sie gar nicht erst auf die Sonnenbank."

„Ich reibe mir damit nur die Ohren ein, die sind so empfindlich."

„Welche Ohren?"

„Werden Sie nicht anzüglich. Kann ich jetzt endlich auf die Sonnenbank?"

„Ja, aber darf ich Ihnen eine Badehose leihen? Oder wollen Sie sich da auch lieber eincremen?“

Wie alt wird der Deutsche?

Statistiker haben errechnet, daß der Deutsche im Schnitt 78 Jahre alt wird, Frauen älter, Männer jünger. Stutzig wird man aber, wenn man liest: Der Holländer wird ein Jahr älter. Auch der Norweger übertrifft uns. Die Ursachen für diese unterschiedlichen Lebenserwartungen sind zwar von Tausenden Wissenschaftlern erforscht, aber bis heute nicht gefunden worden.

„Vielleicht essen wir zu fett“, vermutet meine Frau.

„Nein, es soll am Rauchen liegen. Der Deutsche raucht mehr“, meine ich.

„Vielleicht konserviert der holländische Pfeifentabak die Niederländer besser“, bemerkt meine Frau. „Was ist denn mit den Norwegern?“

„Ich sage nur Fisch. Die essen mehr Fisch, und fetter Fisch erhöht nicht das Cholesterin.“

„Ist denn diese unterschiedliche Lebenserwartung schon immer gewesen?“

„Nein, erst in den letzten 10 Jahren fielen wir zurück“, erwidere ich.

„Das liegt bestimmt an der Wiedervereinigung, da ist die Statistik wahrscheinlich durcheinander geraten, weil 16 Millionen dazukamen“, wirft meine Frau ein.

„Kann sein. Vielleicht liegt es auch wie immer an der Bundesregierung.“

Während wir noch hin und her rätseln, machte mein Sohn das Fernsehen an. Fußball. Deutschland gegen Armenien. Nach 90 Minuten war mir alles klar.

„Es sind die Spiele unserer Fußball-Nationalmannschaft, die die Lebenserwartung der Deutschen verkürzen“, posaune ich aus.

Meine Frau: „Die Holländer regen sich aber genauso auf.“

„Nein“, rufe ich, „die haben keinen Klinsmann und schon gar keinen Berti Vogts.“

Oliver, oh Oliver

Wer in völlig aussichtslosen Situationen für die deutsche Fußballnationalmannschaft schießt oder köpft, weiß jeder: Oliver Bierhoff.

Was aber nicht alle oder vielleicht nur ganz wenige wissen, ist, daß meine Tochter Sarah für diesen Mann schwärmt, der bei Calzio Udine spielte und jetzt beim AC Mailand.

Gott oh Gott, was mußte ich nicht schon alles unternehmen, um die Wünsche meiner Tochter zu erfüllen. Leicht war es, ein großes Poster zu besorgen. Damit schmückt sich jede Fußballzeitschrift. Schwerer war es schon mit einem Autogramm – einem echten. Da mußte ich schon meine unübersichtlichen Beziehungen spielen lassen. Über ein RWE-Vorstandsmitglied gelangte ich an Vater Bierhoff, und der verschaffte das Originalautogramm.

Doch jetzt erst begann meine eigentliche Leidenszeit. Als nächstes mußte es nämlich ein Trikot sein. Erinnern Sie sich daran, wie Oliver nach einem Weltmeisterschafts-Qualifikationsspiel als einziger sein Trikot nicht auszog, um es einem Ukrainer zu geben? Haben Sie diesen historischen Moment im Fernsehen verschlafen? Er hat es anbehalten. Für Egidius Braun, unserem DFB-Präsidenten, denn der hatte es Sarah versprochen, mit Originalunterschrift und offensichtlich frisch gewaschen.

Meinen Sie, meine Tochter hätte sich damit zufriedengegeben? Weit gefehlt!

Während des Urlaubs in Kärnten mußten wir extra nach Udine fahren, in der wahnsinnigen Hoffnung, dort liefe uns Oliver Bierhoff über den Weg. Sie werden lachen, er lief. Besser gesagt stand er, auf einer Art Podium, wo der Präsident von Calzio Udine den tausenden Anhängern seine neue Mannschaft vorstellte. Wir waren nur hundert Meter entfernt, und alle riefen „Oliviero Biehoff", ein „o" mehr und ein „r" weniger als bei uns. Wir kamen aber nicht durch.

Und dann? Oliver kam nach Aachen. Nur so, zum Sportlerball. Und wer ging da hin? Der Vater von Sarah mit seiner Tochter. Diesmal trennten uns keine Zentimeter.

War damit meine Leidenszeit beendet? Oh nein! Gestern habe ich ein drei Meter langes und zwei Meter hohes Plakat an der Wand von Sarahs Zimmer befestigt. Oliver wirbt darauf für ein Shampon. Meine Tochter hat ein überzähliges von einer Plakatfirma geschnorrt.

Fehlt nur noch Oliver als Wachsfigur. Ich war schon bei Madame Tussaud im Kabinett. Da gab es aber nur einen verstaubten Beckenbauer.

Ist das ein Scheißladen hier!

Last und Lust in Amt und Würden

Welche Lösungen man finden muß ...

... wenn man sich die Haare waschen will, aber das Wasser nicht warm kriegt

... wenn man es gerne warm und gemütlich hat

... wenn man vor der Frage steht, ob man Deutscher bleiben oder rund um die Uhr Bier kaufen will

... wenn man glaubt, der MIR etwas Gutes tun zu müssen

... wenn man als Westfale feststellt, daß im Rheinland auch Polizisten mit Leidenschaft geküßt werden

... wenn Bildschirmschoner zum Problem werden und man über Büroklammern stolpert

... wenn man vergebens die Presse, ein Taxi oder die richtigen Worte sucht

... wenn man mit Müll Arbeitsplätze zu schaffen gedenkt

Eine heiße Rechnung

Was ich Ihnen nachfolgend berechne, ist schlecht für schwache Mathematiker, aber gut für Frauenfeinde. Ich erkläre Ihnen nämlich jetzt, wofür so viele Kraftwerke gebaut werden müssen.

Also: Beim Duschen benutzt man durchschnittlich 45 Liter warmes Wasser. Die Wasserhahntemperatur beträgt ca. 12 Grad, die Duschtemperatur ca. 40 Grad. Um 1 Liter Wasser zu erwärmen, braucht man etwa 40 Watt die Stunde.

Jetzt sagen Sie, das hätten Sie schon immer gewußt. Aber was jetzt kommt, wußten Sie nicht: Von den 45 Litern, die durchschnittlich geduscht werden, entfallen alleine 15 Liter, um mit Shampon die langen Haare der Frauen zu waschen. Wir haben in der Bundesrepublik 82 Millionen Einwohner, davon sind 42 Millionen Frauen. Ein Drittel davon hat kurze Haare, ein Drittel normale und ein Drittel lange Haare. Das sind jeweils 14 Millionen.

Wenn man das kurze Haar von Frauen mit Männerhaar vergleicht und die paar langmähnigen Jungens unberücksichtigt läßt, kommt man auf 28 Millionen Frauen, die überdurchschnittlich duschen müssen, und zwar zweimal die Woche je 15 Liter plus, macht 30 Liter pro Woche mal 52, macht 1.560 Liter pro Jahr. Das rechnen Sie jetzt mal 28 Millionen. Dann kommen Sie auf 43 Milliarden Liter! Dafür brauchen Sie 1,747 Milliarden Kilowattstunden!

Doch jetzt geht die Rechnung erst ihrem eigentlichen Ende entgegen: Ein Kraftwerk hat etwa 8.000 Betriebsstunden im Jahr, das heißt man braucht ein riesiges Elektrizitätswerk von 200 Megawatt pro Jahr, damit die Frauen ihre langen Haare waschen können.

Wollen wir das? Wollen wir Männer das? Oder wollen wir aus ökologischen Gründen auf dieses Kraftwerk verzichten? Dürfen dann Haare nach einiger Zeit streng riechen? Ist es möglich, daß Paare sich entzweien, weil sie sich dann nicht mehr riechen können? Ich sehe diese langen, strähnigen, fetten Haare vor mir. Die zerrütteten Ehen hinter mir. Nein, alles spricht dafür, daß wir dieses Kraftwerk brauchen. Und wir brauchen die Kohle dazu. Gute heimische Braunkohle. Und was sichert uns diese gute heimische Braunkohle? Die Erschließung des Tagebaus Garzweiler II.

Haben Sie jemals ein so gutes Argument für Garzweiler II gehört? Nein, werden Sie sagen. Sie haben Recht!

Kamin-Experten unter sich

Gelegentlich, ja, nur gelegentlich, dürfen offene Kamine beheizt werden. Wer sagt dies? Die Kleinfeuerungsanlagenverordnung. Was heißt „gelegentlich", fragt sich nun der verzweifelte Benutzer eines derartigen Ofens. Ist es täglich? Wohl nicht. Wöchentlich oder monatlich ist eigentlich regelmäßig, aber nicht gelegentlich.

Fragen wir einen Juristen:

„Also 'gelegentlich' ist ohne schuldhaftes Zögern hin und wieder."

„Und was ist 'hin und wieder'?"

„Ist eigentlich gelegentlich, d. h. Sie heizen Ihren Kamin am besten am 1. Januar, vermeiden aber den 1. Februar als nächsten Heiztag, sondern nehmen den 2. Februar."

„Der 2. wäre mir lieb, dann ist Mariä Lichtmeß. Hat doch auch was mit Feuer zu tun."

„Oder vielleicht auch Aschermittwoch. Das klingt nach ausgebrannt."

„Welches Brennmaterial ist am geeignetsten?"

„Das mit höchstens 15% Restfeuchte."

„Wie stelle ich diese ungeheuer präzise Feuchtigkeit fest?"

„Mit einem geeichten Hygrometer."

„Wo bekomme ich den?"

„In einschlägigen Fachgeschäften, die autorisiert Hygrometer vertreiben."

„Und wenn ich gänzlich trockenes Holz möchte?"

„Nehmen Sie Buche, möglichst 100 Jahre alt. Kann auch noch älter sein."

„Warum so alt?"

„Dann fallen sie um."

„Ist umgefallenes Holz denn nicht schon wieder viel zu feucht?"

„Sie müssen es fachmännisch bergen. Die entsprechende Vorschrift finden sie im Buchengesetz § 13: Wer umgefallene Buchen zum Zwecke der Nutzung ersteht und erstandene Buchen bei geringer Luftfeuchtigkeit birgt, entgeht der Justizvollzugsanstalt."

„Kann ich überhaupt den offenen Kamin bestücken, ohne Gefahr zu laufen, eingelocht zu werden?"

„Am besten zünden Sie ihn überhaupt nicht mehr an und belassen ihn als Möbelstück."

„Neulich haben Nachbarn ihren Christbaum im offenen Kamin verbrannt. Die Straße war völlig eingenebelt. Was soll man dazu sagen?"

„Nennen Sie mir den Namen, und sie werden zur Rechenschaft gezogen."

„Gefängnis?"

„Ja, Gefängnis."

„Und was machen die dann da?"

„Holzhacken."

„Und was geschieht mit dem Holz?"

„Es ist für den Gefängniskamin."

„Dürfen die denn heizen?"

„Gelegentlich! Aber dann haben Sie es wenigstens warm." Was für ein Zyniker, der Herr Jurist!

Der Service-Wahn

Sind wir fortschrittlich geworden! Keine beschränkten Öffnungszeiten mehr von acht bis halb sieben, wo jeder weiß, wann die Geschäfte zu oder auf sind. Nein, jetzt sind sie früher und länger geöffnet. Man weiß nur nicht wie lange. Allerdings haben wir die Zukunft noch vor uns: 24 Stunden, rund um die Uhr geöffnet. Das sollte dann aber für alle gelten, nicht nur für Tankstellen oder Versandhäuser.

Jedermann weiß: Es kann nicht mehr gekauft werden, als die Leute Geld haben, und sie haben heute eher etwas weniger Geld als gestern. Doch sie können es jetzt zeitlich unbeschränkt ausgeben.

Es ist ein echter Lustgewinn, etwa um ein Uhr nachts drei Versandhäuser und eine Tee-Firma anzurufen und je ein T-Shirt Größe XXL und 50 Gramm Ceylon zu bestellen. Und dabei muß sich die Telefonannahmeberaterin auch noch mit Kopfstimme vorstellen, z. B. mit: „Hier ist Hermine Meyer, was kann ich für Sie tun?“ Und Sie kommen überhaupt nicht dazu, Ihren Namen zu nennen, und dann dankt sie Ihnen schließlich, natürlich wieder mit Kopfstimme.

Vor vielen Jahren kaufte ich in einem New Yorker 24-Stunden-Shop um zehn Uhr abends für mehrere Personen acht Dosen Guinness-Bier. Das reichte nicht. Um 12 Uhr nachts führte der Shop nur noch eine unbekannte Marke aus Schottland, um zwei Uhr konnte ich noch ein irre schäumendes Anheuser Busch Bier kaufen, um vier Uhr gab es überhaupt kein Bier mehr. Ist das Service?

Jetzt stellen Sie sich mal vor, eine Behörde hätte 24 Stunden geöffnet. Da kann es Ihnen passieren, daß Sie um fünf Uhr morgens von einem übermüdeten und hungrigen Beamten ausgebürgert werden. Sie sind gezwungen auszuwandern und landen in einem Land, wo Sie 24 Stunden gar nichts kaufen können.

Da lob ich mir korrekte Ladenschlußzeiten, mit Leuten, die man lieben und hassen kann – und bleibe Deutscher.

Das Nummernschild

Neulich wurde mir zugetragen, daß es einem Düsseldorfer Kaufmann tatsächlich gelungen ist, einen Panzer beim Kölner Straßenverkehrsamt anzumelden. In Düsseldorf war er gescheitert. Lediglich sein Wunsch, mit einem Nummernschild K–D–1 herumzufahren, wurde ihm abgeschlagen.

Dieses Ereignis hat nun die Sonderfahrzeug-Eigentümer in aller Welt hellhörig gemacht. Schließlich wird nach dem Kennzeichen auch versichert.

Dieser Tage sprach nun ein älterer, gesetzter, weißhaariger Herr beim Kölner Straßenverkehrsamt vor und radebrechte: „Ich möchten anmelden ein Fahrzeug, das sein auch beleuchtet."

Aufmerksam hörte der Beamte hinter dem Schalter zu. „Fährt das Ding denn auch?"

„Kann man vielleicht so sagen."

„Wieviel wiegt das Fahrzeug?"

„Dreimal so viel wie Panzer, aber auch viel weniger als LKW."

„Haben Sie eine TÜV-Bescheinigung?"

„Ich habe TÜV-Papier hier."

„Aber das kann ich doch gar nicht lesen."

„Ist kyrillisch, aber hat schon mehrere Millionen zurückgelegt, der Apparat."

„Ohne Unfall?"

„Ja, ohne Unfall. Nur einmal zuwenig Luft."

„Da kann man aufpumpen."

Seltene Mußestunde – Antwerpes privat

„Richtig, kann man aufpumpen. Aber ich habe noch eine Bitte. Möchte Kennzeichen K–BJ 67."

„Naja, das kostet ein paar Mark mehr."

„Und das Kennzeichen?"

„Das können Sie am Schalter abholen und dann prägen lassen."

„Vielen Dank. Jetzt hat Weltraumstation MIR ein Nummernschild. Ich gehen jetzt zu Versicherung. Mein Name ist übrigens Jelzin – Boris Jelzin."

Doatmund

Mancher Kölner, aber auch Kölnerinnen und gemeine Rheinländer wundern sich, wenn sie auf der Straße, auf der Autobahn oder gar auf der Wache Polizisten antreffen, die nur des Westfälischen mächtig sind und z. B. „Doatmund" statt Dortmund sagen.

Das hat einen äußerst einfachen Grund. Nordrhein-Westfalen besteht rein rechnerisch aus ca. 55% Rheinländern und 40% Westfalen. Der Rest sind Lipper. Doch zur Polizei kommen 60% Westfalen und nur 40% Rheinländer. Die Lipper, auch Ostwestfalen genannt, sind den 60% zugeschlagen.

So kommt es, daß bei proportionaler Verteilung mehr Westfalen ins Rheinland kommen, um dort ihren Polizeidienst zu verrichten. Nur im Extremfall werden Sie einen Kölner in Westfalen antreffen.

Vor Jahren habe ich mal einen in Bielefeld gesichtet, den hatte man aber irrtümlicherweise dorthin versetzt. Er wollte eigentlich nach Elberfeld, aber im Computer stand nur Wuppertal, und so kam er dann nach Bielefeld. Wie logisch.

Sehen wir von diesem tragischen Fall einmal ab, so wundert es einen doch, wie wenig echte Rheinländer ihren Dienst im grünen Rock und senfgelber Hose tun. Aber ich möchte mich hier nicht mit dieser uniformierten Minderheit beschäftigen, sondern mit den Westfalen.

Die Westfalen haben große Probleme, sich in der nebligen Rheinebene zu aklimatisieren. Nicht wettermäßig, sondern mehr zwischenmenschlich, und das sieht dann so aus: Die in der Regel recht jungen Frauen und Männer haben vor ihrer Versetzung ins Rheinland schon Bekanntschaft gemacht mit allerlei anderem jungen Volk. Resultat: Wenn etwa Jung Siegfried nach Köln versetzt wird, wartet da eine Sieglinde in Hamm oder Höxter. Zum Wochenende eilt dann Jung Siegfried in seine alte Heimat.

Während seiner Kölner Arbeit trifft er notgedrungen auf Dutzende oder noch mehr junge ledige Kölnerinnen, die seinen Tag verschönen, und es kann dann schon mal sein, daß sich Siegfried einer heimischen Lotti ziemlich stark nähert, woraufhin seine Sieglinde in Hamm wartet und wartet.

Neulich erblickte ich zwei grün gekleidete Motorradfahrer, die vor dem Regierungspräsidium bremsten und mit dem Helm unter dem Arm zum Empfang strebten.

„Wohin des Weges?“ erkundigte ich mich interessiert.

„Wir wollen zur Vormerkstelle.“

„Sie wollen wohl versetzt werden ins schöne Westfalenland?“

„Ja“, sagte der eine, „wir sind aus Doatmund, aber wir wollen uns streichen lassen.“

„Wie streichen lassen?“

„Aus der Vormerkliste.“

„Wieso?“

„Wir wollen hierbleiben, in Köln, und nicht mehr zurück nach Doatmund.“

„Haben die Gründe lange Haare?“

„Treffer“, sagte der eine Westfale, „Kölsche Mädsche könne joot bütze.“

„Da wird es wohl nicht bei bleiben, meine Herren“, bemerkte ich noch – man hat ja so seine Erfahrungen.

Alles über Bildschirmschoner

In dieser völlig computerisierten Welt erkennt man den Charakter eines PC-Benutzers häufig am Bildschirmschoner. Da gibt es die Abweisenden, die in schwarz auf gelb mit dem Text „Gehen Sie bitte!“ dem Besucher klarmachen: „Hau ab, ich will allein sein!“ Noch ein Tüpfelchen drauf, um doppelten Frust zu verursachen, lautet: „Gehen Sie bitte, Ihre Rücksprache war zwecklos!“

Manche Nutzer lassen Vögel fliegen, Fische schwimmen oder einen Kubus drehen. Das sind die harmlosen, die nehmen einen Schoner aus dem Programm und werden höchstens auffällig, wenn die Vögel alle blau, die Fische grün und die geometrischen Figuren erdbeerfarben sind. Diese wollen trotz ihrer notorischen Harmlosigkeit beachtet werden.

Viel problematischer sind menschliche Darstellungen mit intimem Charakter oder gar Schriftzüge mit eindeutigen Angeboten, etwa „Bleiben Sie hier, es könnte ein schöner Tag werden!“ oder „Leisten Sie mir und meinem Compi Gesellschaft!“

Ganz gefährlich werden die Schoner, wenn neben potentiell Heterosexuellem auch noch Kostengesichtspunkte hinzustoßen, mit Angeboten wie „Es soll Ihr Schaden nicht sein“ oder „Heute bestellen, nächsten Monat zahlen“. Hüten Sie sich, auf solche Angebote einzugehen, auch wenn sie aus guter Quelle kommen. Am Ende haben Sie Ihr Konto überzogen und hatten wenig Freude.

Wenn Sie den Computer als Anknüpfungspunkt für schöne Gespräche nutzen wollen, nähern Sie sich nur den Bildschirmschonern, die kleine Pünktchen oder niedliche Streifen haben, über den Charakter des Menschen aber nichts weiter aussagen. Erst mit der Zeit erfahren Sie, welche Qualitäten Ihr Partner hat.

Neulich traf ich einen guten Bekannten, der war an ein Pünktchenmuster geraten. Das hatte er später dummerweise geheiratet. Was ihm denn lieber gewesen wäre auf dem Bildschirm, fragte ich. „Gehen Sie bitte", meinte er. Aber da war es schon zu spät.

Ich finde jede Büroklammer!

Natürlich hassen auch Sie diese Stahl- und Plastikklammern, die irgendein Schriftstück zusammenhalten. Sie schmeißen sie weg und haben dabei ein gutes Gefühl. Doch Vorsicht, ich finde sie wieder!

Neulich betrat ich meine Arbeitsstätte. Auf den Stufen fand ich zwei. Im Paternoster begegnete mir die nächste, eine ganz gewöhnliche. Und auf dem Gang in mein Büro fand ich eine überdimensionale, für ganze Stapel von Akten. Sieben waren es an diesem Tag.

Da schwoll mir der Kamm! Ich rief den Zuständigen an: „Haben wir zuviel Geld für diese Klammern?"

„Nein, nein. Wir kaufen seit Jahren keine neuen", schwor er.

„Und wo sind diese hier her, die ich heute morgen gefunden habe?"

„Es kommen Akten ins Haus von Ministerien, Gerichten und Firmen, die haben alle Büroklammern."

„Unmengen?"

„Ja, viele."

„Wäre das kein Geschäft?" erkundigte ich mich.

„Wieso?" fragte der Zuständige irritiert.

„Also“, hub ich an, „stellen Sie sich vor, wir entfernen die Büroklammern aus den meisten Vorgängen, lassen nur noch die allernötigsten dran, sammeln die Klammern und verkaufen sie weiter.“

„Die sind aber sehr billig.“

„Dann verschenken wir sie an die Dritte Welt.“

„Eine gute Idee“, meinte mein Gesprächspartner.

„Ja“, sagte ich, „eine wahrhaft gute Idee. Würden wir sie behalten, hielte die Bürokratie bei uns noch stärker zusammen. Geben wir sie nach Afrika oder Südamerika, legen wir dort den Grundstein für eine neue Bürokratie. Das nennt man Entwicklungshilfe.“ Während ich mir das alles ausmalte, ich sah die Klammern schon in Accra, der Hauptstadt von Ghana, näherte sich mir ein Mitarbeiter: „Chef! Ich habe auch eine Büroklammer gefunden.“

„Behalten Sie sie“, sprach ich großzügig. „Wo kommen Sie denn her?“

„Aus Ghana“, flüsterte der Mann, „genauer gesagt aus Accra.“

Mit der Taxe zum Termin

Irgendwann in Ihrem langweiligen Leben haben Sie einen wichtigen Termin, den Sie auf jeden Fall pünktlich wahrnehmen wollen. Sie beeilen sich beim Bad, rücken die dezente Krawatte noch einmal vor dem Spiegel zurecht und bestellen ein Taxi, das Sie zum Ziel bringen soll. Sie wollen nicht riskieren, den Termin zu verpassen, weil Sie keinen Parkplatz finden. So erging es auch mir.

„Wohin soll es gehen?“ fragte mich der mit Verspätung eintreffende Taxifahrer.

„Zur Kölnischen Rundschau.“

„Alles klar."

Er fuhr und fuhr und plötzlich standen wir vor einem großen, modernen Bau, mit einer riesigen Fassade, mehreren Stockwerken und einer gar prächtigen Eingangstür.

„Ist das der neue Eingang der Rundschau? Ich war voriges Jahr einmal hier. Die haben sich aber verbessert!"

„Ja", sagte mein Chauffeur. „Macht 15 DM. Brauchen Sie eine Quittung?"

Ich brauchte. Und schon war die Taxe weg.

Ich näherte mich dem Eingang und wurde dort von einem jungen, überaus korrekt angezogenen Herrn empfangen.

„Wohin möchten Sie, Herr Doktor?"

„Zum Chef natürlich."

„Haben Sie einen Termin?"

„Seit Monaten."

„Mir ist nichts bekannt, ich werde mich erkundigen. Warten Sie einen Moment."

Der höfliche junge Mensch kehrte alsbald zurück, um mir mitzuteilen, der Herr Baron sei nicht da, aber sein Vertreter stünde für ein Gespräch gerne zur Verfügung.

„Wieso Baron?" fragte ich. „Ist der Chefredakteur geadelt worden?"

Pikiert antwortete der junge Mann: „Wir haben hier keinen Chefredakteur. Die hauseigene Zeitung wird von einer Firma betreut."

Allmählich dämmerte es mir, ich sei falsch.

„Bin ich hier nicht bei der Rundschau und ist das nicht Ihr neuer Eingang?"

„Nein, der ist nebenan im alten Gebäude. Sie sind hier im Bankhaus Oppenheim. Darf ich Sie zur Rundschau begleiten?"

Ich willigte sprach- und widerstandslos ein, und nach 200 Metern gelangten wir schließlich zur Rundschau. Der angehende Banker lieferte mich ab, wünschte mir noch einen schönen Tag. „Grüße an den Baron", erwiderte ich.

Als er gegangen war, fragte ich gleich nach dem Chefredakteur.

„Sie sind hier in der Anzeigenabteilung. Zur Redaktion müssen Sie 50 Meter weiter.“

„Tausend Dank“, stotterte ich und verließ erneut ein Gebäude. Nächste Tür.

„Ja, Sie sind hier richtig bei der Rundschau, aber Sie müssen entweder die Treppe in den dritten Stock oder den Aufzug hintendurch nehmen. Er ist zwar nur für schwere Lasten, aber der andere ist kaputt.“

Ich bestieg den Aufzug, der langsam – sehr langsam – nach oben schwebte. Ich wendete mich nach links und landete bei der Warenannahme. Dann nach rechts zur Redaktion. Endlich stand ich an der Tür des Chefredakteurs. Ich klopfte und wurde mit folgenden Worten ins Zimmer gebeten: „Herein. Sie sind aber spät dran. Hatten Sie noch auf der Bank zu tun?“

Da fragt man sich, ob das alles noch normal ist.

Hummel, Hummel

Wer noch nie in Hamburg war, weiß nicht, was ihn dort erwartet. Ich wußte es – aber nur teilweise.

Wieder einmal bat man mich in eine Talkshow. Und ich konnte wieder einmal nicht widerstehen, obwohl das ein Fehler war. Es gibt Leute, die sagen, ich könnte keiner Kamera aus dem Wege gehen. Warum auch? Hinter der Kamera kann man über die Kabel stolpern. Jedenfalls landete ich in Fuhlsbüttel, dem Flughafen der Hansestadt. Am Ausgang wartete schon eine junge Dame: hellblondes Haar, hellblonder Hosenanzug, hellblonde Schuhe und hellblonde Stimme. Kurzum, ein Unikum.

„Sind Sie...?"

„Ja ich bin...!"

„Ich rufe Ihnen eine Taxe. Damit fahren Sie zum Airport-Hotel. Seien Sie bitte pünktlich um 21 Uhr wieder hier. Die Sendung findet im Flughafen-Terminal 4 statt."

„Ja ja, geht in Ordnung."

„Ich rufe Ihnen jetzt ... oh weh, hier sind gar keine Taxis mehr. Ich suche eines ganz vorne."

„Ja ja", sagte ich und stellte meine beiden Koffer ab.

Die junge Dame entschwand aus meinem Blick. Irgendwie gab es wohl keine Taxis mehr. Plötzlich fiel mir ein, daß es unhöflich sei, dieses Fräulein so alleine ziehen zu lassen, packte meine Koffer und wollte ihr nacheilen, da hörte ich eine Stimme im Hintergrund:

„Wollen Sie zum Airport-Hotel?"

„Ja gewiß", antwortete ich und sah einen winzigen Bus, auf dem „Airport-Hotel-Shuttle" geschrieben stand. Das mürrische Gesicht des Fahrers irritierte mich. Was war dem Mann über die Leber gelaufen?

„Wissen Sie", hub er an, „ich warte hier den halben Nachmittag auf Gäste für die Talkshow und keiner kommt. Die müssen alle mit dem Taxi gefahren sein. Dabei bin ich doch vom Sender beauftragt."

„Beruhigen Sie sich. Ich bin der erste, den Sie treffen, und mir holt man gerade eine Taxe."

„Wohl ein Mißverständnis von diesen Fernsehverantwortlichen", brummte der Fahrer und wirkte deprimiert. Daraufhin hob ich meine Koffer auf, um dem Fahrer wenigstens das Gepäck mitzugeben. In der Ferne war die blonde Dame noch zu sehen, wie sie sich um einen Wagen bemühte.

„Einen Moment mal!" rief ich. „Ich mache jetzt etwas ganz Unkonventionelles."

Dabei drückte ich dem Fahrer die Koffer in die Hand. Der meinte: „Das ist aber eher unkonventionell."

„Nein, nein. Ich muß die Hände frei haben, um nach der Dame zu pfeifen."

Ich pfiff, sie hörte und kam kurz danach mit einer Taxe angefahren. Der Airport-Hotel-Shuttle-Mann verfiel daraufhin erneut in tiefes Sinnen. Da erinnerte ich mich an meine Idee mit den Koffern und gab sie ihm, wollte das Taxi besteigen, doch an der Bordsteinkante gestikulierte wild ein mit vielen Koffern bestückter Mensch und rief:

„Das ist meine Taxe, warum haben Sie mir die Taxe genommen?"

Ich beruhigte ihn: „Sie können das Taxi haben, ich nehme den Shuttle."

Der Mann stieg ein, derweil enteilte mein Shuttle ohne mich, aber mit meinen Koffern, zum Hotel.

„Hören Sie mal", fauchte ich die Blondine an, die etwas unentschieden herumstand, „geschieht das alles im Auftrag des Norddeutschen Rundfunks?"

„Tut mir leid. Ich besorge Ihnen eine neue Taxe. O.K.?"

„Nein, nein", schrie ich. „Nicht nochmal das Ganze von vorne. Ich gehe jetzt zu Fuß, um wenigstens meine Koffer wiederzusehen. Ist das ein Scheißladen hier."

Ziemlicher Müll

Natürlich produzieren wir eine Menge Abfall, aber wir Deutschen sind auch Weltmeister im Müllsammeln. Kein Container ist vor uns sicher. Brav tragen wir Papier und Glas zu riesigen Behältern, auf denen „Trienekens" steht. Anderswo gibt es gelbe Tonnen und Säcke, die angeblich diversen Abfallverbänden gehören. Deswegen steht „Trienekens" auch nur ganz klein drauf oder in kyrillisch – die Firma soll auch in Russland aktiv sein.

Doch wissen Sie eigentlich, was mit dem getrennt gesammelten Abfall geschieht? Ich sage es Ihnen: Das Papier wird, soweit nicht fettig oder verschmutzt (Beispiel: Pizza-Karton), bis zur Unkenntlichkeit zerkleinert; die Farbe der Zeitungen wird herausgewaschen – natürlich von Hand, wegen der Arbeitsplätze. Anschließend wird das Altpapier wieder zu Papier verarbeitet, mit einem Schuß neuer Zellulose. Als Resultat halten Sie morgens eine Zeitung in Ihren Händen, die selbige schwarz einfärbt, obwohl das Blatt überparteilich sein soll.

Was passiert mit dem Glas? Wenn Sie es nicht nach Weiß-, Braun- oder Grünglas trennen müssen, wird es zusammengeschüttet und ergibt wieder Braunglas. Vermutlich sind deshalb die Bierflaschen immer braun. Man sieht auch immer mehr braune Weinflaschen im Handel. Wer will da noch weißen Riesling von einem roten Spätburgunder unterscheiden? Aber schließlich gibt es ja noch das Etikett. Doch Vorsicht, es könnte vielleicht nur Trienekens darauf stehen – der Mann versteht nämlich auch was von Wein.

Maßloses Sammeln ist seine Sache nicht

Und das restliche Gelbtonnenzeug, wohin geht es? Also zunächst wird das Metall herausmagnetet, dann das Aluminium, dann sortiert man die Kunststoffe. Die Kunststoffe, es gibt deren ca. acht Hauptsorten, von denen wir nur vier kennen, wandern auf riesige Recyclinghaufen, die ihrer Verwendung für Stoßstangen harren, aber auch häufiger abbrennen, wofür die Feuerwehr verstärkt werden muß. Auch wegen der Arbeitsplätze.

Das unbrauchbare Zeug, also der Kunststoff, wandert teilweise auch in Zementfabriken zum Heizen. Damit der Zementfabrikant auch weiß, daß er das Zeug verbrennen darf, enthält es den grünen Punkt, der wiederum muß von der Fabrik bezahlt werden, damit der Händler dieses Geld auf den Verkaufspreis schlagen kann.

Warum also betreiben wir dieses maßlose Sammeln? Damit die Arbeitsplätze sicherer werden, damit unser Jäger- und Sammlertrieb befriedigt wird und weil wir so scheinbar mehr für die Umwelt tun. Man könnte den Müll auch größtenteils gleich in eine Verbrennungsanlage schicken und damit Strom oder Fernwärme erzeugen. Aber das wäre viel zu billig.

P.S.: Diese Story wird ohne Genehmigung des DSD (Duales System Deutschland – Grüner Punkt) veröffentlicht und gefiel auch Herrn Trienekens nicht. Wenngleich er lachen mußte.

Fernsehpech

Alle wissen, daß ich einer Fernsehkamera nicht entfliehe, wenn es darauf ankommt. So bin ich unlängst wieder in eine Diskussion geraten, wo die Teilnehmer vor vielen Zuschauern und unter freiem Himmel das Für und Wider eines großen, nicht näher bezeichneten Vorhabens erörterten.

Als erster begann der Vertreter einer großen Firma seine Erkenntnisse in die Kamera zu formulieren:

„Wirtschaftlichkeit und Rentabilität, ja auch alle anderen Faktoren, sprechen für dieses Vorhaben."

Eine Aussage von wahrhaft bezwingender Überzeugungskraft. Doch nicht diesbezüglich meldete sich der Regisseur zu Wort. Er hatte ein Problem ganz anderer Natur: „Können Sie Ihr Statement noch einmal wiederholen? Die Kamera hatte einen Stromausfall."

„Wirtschaftlichkeit und Rentabilität, ja auch alle anderen ..."

„Moment mal", rief der Regisseur. „Das Mikrofon funktioniert nicht richtig. Können Sie noch einmal wiederholen?"

„Wirtschaftlichkeit und Rentabilität, ja auch ..."

„Wir haben zuviel Wind!" stöhnte der Regisseur. „Darf ich Sie bitten, Ihre Aussage noch einmal zu wiederholen?"

„Wirtschaftlichkeit und Rentabili ..."

„Halt, halt! Die Kamera läuft noch nicht!"

„Darf ich jetzt?" fragte der Rentabilitätsfanatiker.

„Ja, ja."

„Wirtschaftlichkeit und Rent ..."

„Aufhören, aufhören!" rief plötzlich jemand. Es war aber nicht der Regisseur, sondern ein genervter Zuschauer.

„Es tut mir leid", meinte die Regie, „aber Sie werden mir nicht böse sein, wenn ich Sie bitte ..."

„Ja, ja", erwiderte der Mann der Wirtschaft. Doch dann folgte: „Die Wirtschaftlichkeit und Rentabilität dieses Vorhabens sind ausgesprochen zweifelhaft."

„Moment mal", unterbrach der Regisseur. „Hatten Sie nicht eben etwas völlig Entgegengesetztes gesagt? Plötzlich haben Sie Zweifel?"

„Wieso? Ich hatte nie Zweifel."

„Sie haben keine Zweifel?"

„Wird das jetzt aufgenommen?"

„Natürlich wird das jetzt aufgenommen."

„Dann darf ich wiederholen: Wirtschaftlichkeit und Rentabilität, ja auch alle anderen Faktoren sprechen, ja, wofür sprechen sie?"

„Ja, wofür sprechen sie denn nun?" fragte der Regisseur. „Vielleicht hätten Sie besser nur 'ja' gesagt zu Garzweiler II."

Lehmanns Zimmer

Noch nie haben Sie den Raum D 723 der Abteilung Abwasser betreten. Noch nie hatten Sie Gelegenheit, einen Antrag zu stellen, um aus einem kontaminierten Brunnen Wasser zu schöpfen – wenn auch nur für den Rasen.

Aber wenn Sie die Gelegenheit hätten, würden Sie sofort nach Betreten von Lehmanns Zimmer zurückschrecken.

Da sitzt er, Lehmann, ein rüstiger Mittvierziger, leicht ergraut, und verteidigt 400 Quadratzentimeter freie Schreibtischfläche. Der Rest ist mit allerlei Mappen, Broschüren, wichtigen roten, gelben und blauen Akten überhäuft. Würden Sie von vorne eintreten und nicht seitlich, könnten Sie Lehmann gar nicht sehen, sobald Sie sich setzen würden, genauer gesagt, versuchen würden, sich zu setzen. Denn der Stuhl ist auch voller Ordner mit Klebezetteln.

Lassen wir Lehmann sitzen und schauen uns den Schrank hinter ihm näher an. Obenauf liegen Bücher mit Broschüren und Staub. Wie will da die Reinigungskolonne noch wischen? Die wischen sich wahrscheinlich nur den Schweiß der Verzweiflung von ihrer Stirn.

Öffnen wir den Schrank. Was sehen wir da? Bunte Statistiken über Rheinwasserverschmutzung aus zwei Dutzend Jahren, aber ungeordnet. Wie der Rhein eben so schmutzt. Einige Loseblattsammlungen zum Wasserrecht, ein Knirps, der ja auch mit Wasser zu tun hat, ein paar grüne Gummistiefel und eine CD der Titanic-Songs. Hat natürlich auch mit Wasser zu tun, ist aber wohl eher neu.

Verwirrt schließen wir den Schrank. Dabei fällt eine gerollte Karte hinter denselben. Wir lassen sie liegen. Sicherlich ein Leckerbissen für spätere Archäologen.

Widmen wir uns einem Aktenbock linker Hand. Bunte Fähnchen geben knappe Auskunft über ein zehn Jahre zurückliegendes Brunnenvorhaben. Daneben eine leicht vergilbte aber noch lesbare Einladung zu einem 175jährigen Jubiläum, das 1991 stattfand.

Ein weiterer, wenn auch kleinerer Schrank. Schlüssel steckt, läßt sich aber nicht drehen. Sanfter Zwang läßt die Tür klaffen, und ein Pappkarton fällt zu Boden. Mehrere Negerküsse rollen über den Teppich. Endlich etwas Greif- und Eßbares. Ein kurzer Biß, und sie spüren das ranzige Alter der Süßigkeit. Dann noch ein prüfender Blick auf das Verfallsdatum – Dezember 1994. Sorgfältig deponieren wir die Dickmänner hinter dem Schrank mit der Kartenrolle.

Die Archäologen des nächsten Jahrtausends sollen nicht nur wissen, was Lehmann in diesem Jahrhundert schrieb, sondern auch, was er aß.

Guten Appetit.

Euro, Fax und Joghurtbecher

Aus des Kurfürsten alltäglichem Leben

Welchen Ärger man am Hals hat…

… wenn man nicht mit dem sprachlichen Mainstream schwimmt

… wenn man sich über gebrochene Zehen, Dosenverschlüsse und mehr aufregt

… wenn man nur Uhren um sich hat, die falsch ticken

… wenn man nicht ohne Faxen faxen kann

… wenn man statt Luxemburger sinnlos Euros sammelt

… wenn man mit Tetrachlor bekämpft, was für die Ewigkeit gedacht

Muttersprache Marke USA

Der Rheinländer ist Französisches gewöhnt. Die 20 Jahre währende Besatzung vor 200 Jahren hat Trottoir, Portemonnaie, Fisematenten und Fisternöllchen hinterlassen. Auch die 20er Jahre dieses Jahrhunderts hinterließen ihre frankophilen Spuren. Doch wo sind sie heute?

Angloamerikanische Begriffe, ja ganze Sätze überschwemmen uns. Deadline, sophisticated, Bite und Bit, Provider und Technology. Es gibt keine Technik mehr, nur noch Technology-Parks mit viel Innovation. Wie will man aus diesem Profit-Center ausbrechen? Es ist zum Heulen, kids and adults! Alles ist out. Nur mit USA (sprich: Ju Es Äi) ist man mega-in. Das arme hiesige Würstchen (sausage) weiß gar nicht mehr, wie man sich gebildet gibt.

Da hilft nur eins: Entweder man macht mit und spricht dieses Kauderwelsch, oder man pflegt das hiesige.

Wozu haben eigentlich Millionen Deutsche ihre Muttersprache mit Schmerzen lernen müssen? Drei Artikel und eine Unzahl von starken Verben – wohl alles vergebens. Die Amerikaner unter uns sind auf dem Vormarsch. Und das Schlimme ist: Sie schlucken die meisten Konsonanten. Und wir machen das auch noch mit – im Deutschen.

Früher sagte jeder anständige Mensch: „Eine Mark." Heute ist nur noch von „Mak" die Rede. Früher war etwas einfach „kurz". Heute ist es „kuez". Und früher ging man an „Bord". Heute geht man an „Boad".

Während ich noch über all diese Probleme des täglichen Lebens nachdenke, teile ich mich einem Bekannten mit, der mir daraufhin beunruhigenderweise erklärt: „Du, das mit dem Verschlucken von Konsonanten kommt gar nicht von den Amerikanern. Das kommt von Menschen, die uns viel näherstehen."

„Was heißt näherstehen?" frage ich.

„Das kommt von den Westfalen. Die können kein richtiges 'R' sprechen, bei denen ist alles 'kuez'."

Ärgerlich, ärgerlich

Worüber ich mich ärgere:

1. Nachts heimkommen, leise um das Bett schleichen und dabei mit dem kleinen Zeh am Bettpfosten hängenbleiben; doch erst nach drei Wochen Schmerz wissen, daß der Zeh gebrochen war und nun unwiderruflich krumm angewachsen ist.

2. Auch fatal: sich die Jeans anziehen und mit dem großen Zeh in der Umschlagnaht landen, das Gleichgewicht verlieren und den Schlüssel des Kleiderschranks voll ins Kreuz kriegen.

3. Mantel im Zug auf den Haken hängen, wegen der Enge im Abteil sich auf denselben setzen, der Aufhänger reißt ab, den Mantel in die Gepäckablage legen, ein neuer Mitreisender knallt seinen Koffer auf das gute Stück.

5. Messerspitzen abbrechen, weil man mit ihnen eine Schraube herausdrehen wollte. Dabei den Schlitz des Schraubenkopfes so mißhandeln, daß der Schraubenzieher auch nicht mehr paßt und man das Ding herausmeißeln muß.

6. Luftpumpen auf falschem Ventil. Man pumpt und pumpt, der Reifen bleibt platt. Man schiebt das Rad zur Tankstelle und gibt zuviel Druck. Der Schlauch platzt.

7. Einen Sicherheitsgurt überziehen, dabei das weiße Hemd beschmutzen, den Gurt abnehmen, in eine Polizeikontrolle geraten und 60 DM für den Dreck auf dem Hemd bezahlen. Reinigung folgt.

8. Baumwollpullover, die immer länger werden und bis zu den Knien gehen. Wollpullover, die nach der dritten Waschmaschine so klein sind, daß sich selbst der Nachwuchs weigert, sie anzuziehen.

9. Wenn der Rheinländer oder ein einzelner Westfale die Rechtschreibreform kritisiert, selbst kein richtiges Deutsch kann, sich aber beim Kultusminister beschwert, daß Tisch nicht mit „Zeha" geschrieben wird, weil er kein „Eszeha" sprechen kann.

10. Hinten aus einem Kleinwagen aussteigen, das linke Bein in die Hand nehmen, sich dabei die Kniescheibe an der Fensterkurbel lädieren und anschließend für sein Humpeln einen Skiunfall verantwortlich machen.

11. Eine Bierdose am Strand aufmachen, den Verschluß abbrechen, so daß kein Tropfen herauszubringen ist. Wenig später in den Verschluß treten und bluten. Das Hotelpersonal läßt mich nicht mehr rein, weil sonst die Teppiche beschmutzt werden. Vor dem Hotel sitzen und warten, bis ein guter Geist ein Pflaster bringt.

Sie ticken nicht richtig!

Zehn Uhren begleiten mich über den Tag, um mir die richtige Zeit anzugeben und um pünktlich zu sein. Sie können mir glauben, ich bin ein Pünktlichkeitsfanatiker und komme doch immer wieder zu spät.

Woran liegt das? Es liegt an den Uhren. Die erste ist der Wecker. Eine einfache Konstruktion, deren Batterie im Nu leer ist und die deshalb häufig stehenbleibt. Verspätetes Aufstehen ist die Folge. Uhr Nummer zwei ist ferngesteuert und digital. Sie zeigt auf die Sekunde an, wann es zu spät ist. Nummer drei, auch ferngesteuert, analog, hat seltsamerweise 20 Sekunden mehr Zeit als Nummer zwei.

Nummer vier hängt in der Küche und hat noch nie die richtigen Minuten angegeben. Es ist eine „Ungefähr-Uhr“ und läßt einen großen Spielraum, um z. B. den Bus zu verpassen. Nummer fünf, die Armbanduhr, geht immer nach und zeigt auch noch ein falsches Datum. Nummer sechs, die Uhr am Radio, geht nach zwei Monaten mehrere Minuten nach. Nummer sieben, die Fernsehuhr, ist völlig exakt, nutzt aber nichts, denn die Sendungen verschieben sich ständig.

Nummer acht, im Büro am Telefon, ist noch nie richtig gegangen und muß jeden Monat um mindestens drei Minuten korrigiert werden. Nummer neun, am Computer, spielt nur die genaue Zeit – tätsächlich geht sie präzise vor. Und die letzte, Nummer zehn, ist die Uhr am Backofen. Die gefällt mir am besten, denn sie hat sich noch nie die Mühe gemacht, auch nur eine Sekunde anzuzeigen. Sie ist auf Temperatur spezialisiert und mißt etwa 50 Grad weniger als vorhanden, was schöne schwarze Krusten ergibt.

Jetzt hätte ich fast noch die Nummer 11 vergessen, eine Eieruhr für den Tee. Der soll vier Minuten ziehen. Wenn aber die Uhr auf 60 Minuten für einen Kuchen gestellt ist und der Tee 60 Minuten zieht, ist er extrem bitter und natürlich auch kalt. Da muß man neuen Tee aufschütten. Das dauert insgesamt 15 bis 20 Minuten.

Sie werden also fortan Verständnis dafür haben, wenn ich mich verspäte.

Anleitung zum Faxen

Natürlich haben Sie ein Telefon. Wenn Sie fortschrittlich sind sogar ein ISDN-Gerät. Das erkennen Sie daran, daß auf dem Display die Nummer des Gesprächspartners steht.

Aber haben Sie ein Fax? Nein? Welch ein Rückschritt. Man muß Ihnen also Briefe schreiben, sie frankieren, die Briefe zur Post bringen und mehrere Tage auf Antwort warten.

Warum haben Sie kein Fax? Sie brauchen nur einen Bogen weißes Papier zu bekritzeln, eine Telefonnummer einzugeben, Start zu drücken – Fax speichert und sendet. In Sekundenschnelle ist das Schreiben beim Empfänger, wenig später haben Sie die Antwort. Es kostet nur Pfennige, selbst Neuseeland dauert nur eine Minute.

Warum haben Sie also kein Fax?

Ich kenne einen Nachbarn, der zahlte nie seine Steuern pünktlich, er schrieb Briefe an das Finanzamt, das antwortete auch brieflich. Das zog sich. Und er zahlte erst Wochen nach Frist. Jetzt hat er ein Fax. Er schreibt weiter Briefe, aber natürlich elektronisch. Nur jetzt erhält er innerhalb eines Tages die Zahlungsaufforderung, unverzüglich seine Steuern nachzuentrichten. Und was soll man sagen: Der Mann ist doch tatsächlich glücklich. Erstmalig in seinem Leben fühlt er sich als korrekter Bürger, der seinen staatlichen Pflichten korrekt nachkommt.

Und dann dieser anonyme Schmierfink, der mir im schmutzigen Umschlag namenlose Gemeinheiten übermittelte. Keine Nachforschung konnte den Gemeinling überführen.

Jetzt hat er ein Fax und versendet seine bodenlosen Unterstellungen in Windeseile – leider mit seiner Telefonnummer in der Kopfzeile. Jetzt haben wir ihn.

Und warum haben Sie kein Fax – obwohl Sie doch ehrlich sind und nichts zu verbergen haben?

Der Prämien-Jäger

Jüngst traf ich einen leidenschaftlichen Sammler von allerlei Etiketten. Wahllos verwahrte er alles, was auf Bier-, Wein- und sonstigen Flaschen aufklebte. Er muß ungeheure Zuber zu Hause aufgestellt haben, um all die Etiketten aufzuweichen, damit sie sich unversehrt von den Behältnissen lösen.

Damit war es dem Sammlerhamster aber nicht genug. Er schnitt aus Butterpaketen, Joghurtbechern und Waschmittelkartons Bonuspunkte aus und schickte sie zwecks Prämie an die Firmen. Ich fragte ihn nach den Erfolgserlebnissen, und schon begann er munter zu plaudern:

„Neulich hatte ich 20 Punkte eines Megaperl-Waschmittels und habe um die Prämie gebeten. Das hat mich nur das Porto für eine Postkarte gekostet, dafür habe ich eine Blechtonne mit einem uralten Foto einer Waschfrau drauf erhalten. Allerdings war die Tonne leer. Um sie zu füllen, habe ich fünf Pakete Megaperls gekauft. Kostete etwa 60 Mark. Jetzt ist sie gut gefüllt. Und ich habe für zwei Jahre Waschmittel."

Man muß wissen, mein Sammler ist Junggeselle und wäscht selten. Kaum hatte ich seinen Wortschwall unterbrochen, erkundigte ich mich bescheiden nach dem Nutzen seines Hobbys. Er erwiderte fröhlich: „Das dient unter anderem der Kaufkraft. Denn wer Punkte sammelt, hebt den Konsum. Erst unlängst entdeckte ich ein besonders attraktives Sammelangebot: Für jeden Becher Joghurt waren zwei Bonuspunkte auszuschneiden und bei 500 gab es eine Prämie."

„Haben Sie die Joghurts alle gegessen?"

„Natürlich, in einem Monat hatte ich die Punkte zusammen."

„Mein Gott, das sind – Moment mal – 30 mal ungefähr 16 Joghurts täglich. Ist das nicht ein bißchen viel?"

„Ja, ich hatte Durchfall, aber ich habe es geschafft."

„Hoffentlich nicht immer Erdbeergeschmack?“
„Nein, ich habe Pflaumenjoghurt bevorzugt.“
„Aha, und was war die Prämie?“
„Eine attraktive Schultasche in grün mit Reflektoren für den Schulweg.“
„Und was machen Sie jetzt damit?“
„Das frage ich mich auch. Doch was für eine Prämie!“

Euro de Luxe

Sie haben Angst, bei der Einführung des Euro Geld zu verlieren? Sie beruhigt auch nicht, daß Sie nur noch die Hälfte für alles zahlen müssen, weil Sie auch nur noch die Hälfte verdienen?

Haben Sie insgeheim die Absicht, sich vor 1999 einen ordentlichen Haufen Schweizer Franken zu besorgen, um dem angeblich weichen Euro zu entfliehen?

Ist das wirklich gut? Machen Sie das große Geld durch den rechtzeitigen Verkauf der Schweizer Franken? Ich glaube nicht. Sie könnten auf den Fränkli sitzenbleiben.

Jetzt erwarten Sie natürlich einen Tip, wie Sie dennoch zu mehr Geld kommen. Ich habe ihn: Vielleicht ist Ihnen auch schon zu Ohren gekommen, daß eine Seite der Scheine und Münzen europäisch gleich ist, die andere Seite aber national gestaltet wird. Das gilt auch für das Luxemburger Geld. Luxemburg ist aber klein und hat nur 0,4% der Einwohner der Bundesrepublik. Wenn die aber eigene Scheine und Münzen haben, sind die sehr selten und bald alle außer Landes in Deutschland, Belgien und Frankreich, den Nachbarn Luxemburgs. Seltene Münzen sind aber teuer. Sammeln Sie also Luxemburger Euros und verkaufen Sie sie bei günstiger Gelegenheit zu hohen Preisen. Wenn nun aber die Luxemburger wie der Teufel neue Münzen prägen, haben Sie Pech gehabt.

Vielleicht kaufen Sie doch lieber Gold und fallen damit auf die Nase.

Tückische Aufkleber

Auf allerlei Lebensmitteln und Gebrauchsgegenständen finden Sie Aufkleber, die etwas über den Preis oder den angeblichen Inhalt sagen. Die Dinger sind tückisch und halten ewig.

Ich hatte mal ein Bündelchen Suppengrün gekauft, es ordentlich bezahlt und irrtümlich in einem anderen Geschäft zu weiteren Einkäufen in den Korb gelegt. Das Geschäft führte gar kein Suppengrün. Die Dame an der Kasse erkundigte sich irritiert bei ihrer Kollegin. Die schüttelte den Kopf. Schließlich kam der Geschäftsführer und sagte, es müsse sich um eine kostbare Erweiterung des Sortiments handeln und verkündete barsch: „5 Mark 49." Um nicht unangenehm aufzufallen zahlte ich. Das war ein teures Suppengrün, beim Ersteinkauf hatte ich bereits 75 Pfennig ausgegeben.

Ganz schlimm wird es, wenn man Gläser reinigen will, die voller Aufkleber sind. Zunächst versucht man es mit der Spülmaschine. Die schafft es nicht. Dann greift man zur Bürste. Papier weg, aber Klebmasse bleibt. Man nimmt Seife. Ergebnislos. Nächster Gedanke: mit Feuerzeugbenzin. Tatsächlich, es hilft, dafür hat man aber ein übles Geschmiere auf dem ganzen Glas. Das könnten Sie mit Tetrachlor, einem Lösungsmittel, beseitigen. Sie tun es und haben nunmehr Ihr Glas, mehrere Tücher und Bürsten mit einer interessanten Mischung aus Benzin und Tetrachlor versaut.

Ein Tip: Schmeißen Sie ein Glas mit Aufklebern lieber gleich in den Glascontainer. Aber vor 20 Uhr, sonst sind Sie wegen Lärmbelästigung dran.

Franz-Josef Antwerpes – ein Mann wie ein Baum: standfest

FJA – Politiker und Entertainer

Stationen einer Karriere

1934	FJA wird am 27. November als einziges Kind einer Bäckerfamilie geboren
ab 1955	Nach Studium der Volkswirtschaft und Promotion zum Thema „Die ökonomische Situation der SPD nach 1945“ wird Antwerpes SPD-Mitglied; von 1961 bis 1969 ist er Mitglied im Viersener Stadtrat; 1965 wird er Landesvorsitzender der Jungsozialisten NRW; ab 1970 dann SPD-Landtags abgeordneter in Düsseldorf, zuletzt stellvertretender Fraktionsvorsitzender
ab 1962	Referent in der Stadtverwaltung Duisburg; ab 1968 Leiter des Planungsstabes der Stadt und zuständig für den Umweltschutz
1978	Am 17. April übernimmt FJA das Amt des Kölner Regierungspräsidenten
1980	Papst Johannes Paul II. besucht Schloß Augustusburg in Brühl; aufgrund der entstandenen Gebäudeschäden schließt der RP das Gemäuer im Winter für Massenveranstaltungen
1981	Antwerpes wird Winzer: Am Südhang des Regierungspräsidiums in der Zeughausstraße pflanzt er 20 Stöcke Spätburgunder. Für den „Klein Kölnhausener Zuckerberg“ werden mitunter bis zu 2500,– DM zugunsten der Aids-Hilfe gezahlt

1982 Nach einem Auftritt bei Carmen Thomas' „Ü-Wagen“ wird FJA mit Eiern beworfen – er wirft zurück

1984 Durchsetzung des 100 km/h-Limit auf dem Kölner Autobahnring

1986 Der große Wandertag: Zum Jubiläum des Euregio-Landes legt der RP 140 km zu Fuß zurück

1987 Sperrung der Autobahn bei Nebel und nach schlimmen Unfällen 1985 und 1987. Danach kaum noch Unfälle

1987/88 Der sog. „Storchenkrieg“ mit Zoodirektor Prof. Gunther Nogge: Der Nachwuchs von Freiflieger „Hansi“ und Zoostörchin „Rita“ sollte verkauft werden – Antwerpes besteht gemäß Artenschutzgesetz auf dessen Auswilderung

1989 Die Mozarella-Story: Dank FJA muß der italienische Käse ein Mindesthaltbarkeitsdatum aufweisen

1991 Kampf dem Flügelauto von Aktionskünstler HA Schult, das dieser anläßlich der Ausstellung „Fetisch Auto“ auf dem Dach des Stadtmuseums installieren läßt. „Das Ding muß weg“, beharrt Antwerpes

ab 1995 Antwerpes plaudert beim Lokalsender auf Radio Köln aus dem Nähkästchen

1996 Franz-Josef Antwerpes ist dienstältester Regierungspräsident Deutschlands

1997 Kölns prominenter RP geht unter die Buchautoren. Seine „Antworten auf nicht gestellte Fragen“ werden ein regionaler Bestseller

1998 Fidel Castro verleiht Antwerpes persönlich den Freundschaftsorden für die Hilfslieferungen an Kuba. Dazu gehören auch Busse des KVB sowie der Aachener und Bonner Stadtwerke

... Fortsetzung folgt!

Mein Gott, ist das hoch: 10. Stock des Regierungspräsidiums

Antwerpes von A–Z

Sprüche für alle Lebenslagen

RP Antwerpes steht zu seinem Wort: „Gesagt ist gesagt“, so sein Motto. Hier seine amüsantesten Sprüche für jede Gelegenheit, zum Schmunzeln, Mitreden und Zitieren!

Auto

Ich habe Verkehrspolitik nie mit dem Hammer gemacht. Wer Autofahrer abzockt, ist bei mir an der falschen Adresse. Ich bin ein Freund der Autofahrer.

Autorität

Ich war schon immer autoritär – schon von Kindesbeinen an. Ich lehne das Feldherrenprinzip ab, gleichzeitig habe ich etwas dagegen, meine Mitarbeiter in unendlicher Konfusion dahindümpeln zu lassen.

Arbeit

Letztens habe ich 75 Stunden gearbeitet, aber das ist die Ausnahme. Zweimal die Woche habe ich Abendtermine. Ich halte die Leute, die von Ort zu Ort rasen und glauben, sie seien unentbehrlich, für seltsam. Das mache ich nicht. Ich streiche lieber meinen Keller oder den Hof, mache Regale, hacke Holz, verletze mich dabei. Zu Hause passieren ja die meisten Unfälle. Ich lasse mich nicht gerne antreiben, denn zu seinem Begräbnis kommt ja jeder pünktlich.

Bahn

Größere Strecken fahre ich grundsätzlich mit der Bahn. Ich bin sogar Ehrenmitglied der Eisenbahnergewerkschaft, die halten mich für einen echten Eisenbahner. Ich frühstücke schon morgens auf der Fahrt nach Aachen sehr schön mit Croissants im Zug, und der französische Kellner fragt: „Quelque chose à boire, Monsieur?“, denn der Zug fährt ja nach Paris weiter. Da klemme ich mich doch nicht auf die A4 in den Stau!

Courtoisie

In der Politik fehlt es an Anstand, an dem, was ich Courtoisie nenne. So darf man mit verdienten Leuten einfach nicht umgehen. Wir leben in einem respektlosen Zeitalter.

Dienstaufsichtsbeschwerde

Mich hat mal ein Staatssekretär aus Düsseldorf angerufen und gesagt, daß meine Akte wegen der vielen Dienstaufsichtsbeschwerden bald aus dem Nähten platze. Ich hab' dem nur geantwortet: „Ich schicke Ihnen ein Schränkchen – dann haben wir wieder Platz genug.“

Einfluß

Das Amt des Regierungspräsidenten ist eines der schönsten, das man sich ausdenken kann – obwohl die Einflußmöglichkeiten nicht übermäßig groß sind. Aber ich sorge persönlich dafür, daß das keiner merkt.

Eitelkeit

Biolek hat mich mal interviewt: Sind Sie eitel? Ich habe geantwortet: Wer fragt mich das? Den Grad meiner Eitelkeit müssen andere festlegen.

Essen

Die Spannbreite, in der man lebt, ist doch McDonalds und Michelin. Ich lebe eher bei Herrn Michelin.

Freunde

Ja, ich habe einige Freunde, die haben aber alle nichts mit der Politik zu tun.

Gegner

Meine Gegner sind Nichtstuer und Schlappis.

Heimat

Ich bin kein Kölner, ich bin kein Imi, ich bin ein Niederrheiner – und das mit Leib und Blut!

Irrtum

Den muß man schnell zugeben, sonst vertut man die Zeit mit Rechtfertigungen.

Jobverständnis

Es gehört nicht zu meinen wesentlichen Aufgaben, im Karneval zu repräsentieren.

Köln

Ich bin hier sowas wie der Gouverneur von Köln. Natürlich ist es mißlich für eine Millionenstadt, kontrolliert zu werden, aber einer muß sie ja beaufsichtigen.

Lieblingswort

Meumelpeips: So nennen mich meine Kinder. Peips steht für Papa, meumel für das meumelige Kaninchen Mümmelmann.

Meisner

Der Kardinal Meisner, der hat es schwer. Ja, gut, wir Menschen sind ein bißchen verdorben. Aber weil wir das sowieso alle wissen, muß es uns doch nicht dauernd einer mit erhobenem Zeigefinger sagen.

Neider

Manche meinen ja, ich sei mediengeil. Aber das sind alles nur Neider. Die würden selbst gern in der Zeitung stehen oder sich im Fernsehen bewundern.

Ombudsmann

Ich verstehe mich als Ombudsmann für die kleinen Leute, der das Recht vertritt und nicht ein Amigo-System.

Perfektionismus

Ich bin ein Perfektionist. Daran scheitere ich oft. Es geht eben nicht alles perfekt zu. Außerdem bin ich ein ein sehr phantasievoller Mensch. Aber Perfektionismus und Phantasie, das beißt sich, und darunter leide ich immer wieder.

Querelen

Ich bin an sich schon als Schüler immer streitsüchtig gewesen. Vielleicht ist mir das in die Wiege gelegt worden. Ein sehr energischer Mensch war nämlich mein Großvater mütterlicherseits. Das war ein echter Kämpfertyp. Brauer von Hause aus.

Rheinländer

Ich bin so eine Art Local Hero. Ich mag diesen Menschenschlag hier. Der redet langsam, der liebt das Leben. Was ich besonders schön am Kölner finde: Er ist tolerant und gegen die Amtskirche.

Stadtdirektoren

Da gibt es welche, die sind so windschlüpfrig, daß sie mit 150 Sachen unter der Tür durchsausen könnten.

Träume

Ich hätte auch Top-Manager oder Kurfürst werden können. Letztere sind aber selten geworden.

Untertanen

Ich habe ganz entschieden etwas gegen Untertanen und Obertanen.

Vorwürfe

Da lobe ich mir den ehemaligen Kreisdirektor Pelster aus Euskirchen, der mich 'Stinkstiefel' genannt hat. Da weiß man wenigstens, wo man dran ist.

Wandern

Das ist die gesündeste Art der Fortbewegung, auch für Autofahrer.

X

Ein X für ein U vormachen: Mir gibt es zu viele Xe in der Werbung, da kommen demnächst die Us.

Yuppie

Dabei denke ich immer an Westerwelle, aber der kommt auch aus dem Alter raus.

Zähigkeit

Zäh sein heißt, sein Pulver trocken zu halten, wenn es regnet.

Asterix, Obelix und ich

Antwerpes über Antwerpes

In einer unsteten Zeit sollten Amtsinhaber nicht endlos amtieren – schon gar nicht, wenn sie ernannt sind. Aber selbst bei Gewählten werden dumme Fragen gestellt, wie jüngste Beispiele zeigen.

Der Kölner Regierungspräsident ist zu lange im Amt. Das ist die einhellige Meinung der Raser, Quetscher und Drängler, aber auch des Alpenvereins, den dieser Mann daran hindert, die Felsen bei Nideggen weiter zu erklimmen. Auch die Kanuten sind sauer. Sie hat er von der Rur vertrieben, nur wegen ein paar Vogeleiern.

Wer einmal in aller Gemütsruhe Revue passieren läßt, was seine 20 Amtsjahre gebracht haben, stößt auf ein Loch von der Größe eines Bermuda-Dreiecks. In diesem Loch tummeln sich minderjährige Karnevalssängerinnen (et Mallörsche), Zoodirektoren, Bürgermeister, Domprobste, Bäckermeister und Ministerialbeamte beiderlei Geschlechts. Sie alle haben unter Antwerpes gelitten. Er hält das Gesetz wie die Steintafeln Moses als Waffe in der Hand, und wenn er die Tafeln fallen läßt, treffen sie eine Menge unschuldiger Zehen.

In einem besonderen Spannungsfeld steht sein Verhältnis zu Köln. Hat er jemals etwas sehr Gutes über die Stadtväter und -mütter gesagt? Hat er sie nicht häufig mit Spott überzogen und eine Verfügung hinterhergeschickt, wobei die Adressaten erst aus der Zeitung lasen, was sie morgen erwartete? Wollte A. dadurch vorauseilenden Gehorsam erwirken, oder liebt er es, Porzellan zu zerschlagen? Ein Glück, daß die Kölner durch Verkauf eines erheblichen Teils des Vermögens einem Haushaltssicherungskonzept und damit der Knute der Zeughausstraße entronnen. Ihr letztes Hemd hätten sie gegeben, um frei zu bleiben, nackt, aber souverän.

Selbst das Umland hat unter ihm gelitten. Die Aachener erinnern sich ungern an die Disziplinarverfahren, die Antwerpes dem dortigen Bürgermeister androhte. Oder die Bonner, die vorübergehend einen Bittgang nach Köln tun mußten, um eine Floristin in einer Stadtgärtnerei einstellen zu dürfen.

In Leverkusen ordnete der hohe Herr sogar das Trockenfallen eines Rheinarms an. Da fragt man sich, wo liegen die Grenzen dieses von der Allmacht besessenen Bezirksfürsten? Sicherlich eher bei Gummersbach, weil der Regierungsbezirk dort aufhört, aber sonst?

Wird der RP parlamentarisch kontrolliert? Welche Rolle spielt eigentlich der Bezirksplanungsrat? Und wie, auf welche Art und Weise, sehen die Ministerien dem Herrn auf die Finger? Einmal soll er in Düsseldorf einen Bußgang getan haben, der genau das Gegenteil bewirkte, nämlich den Bau der Müllverbrennungsanlage in Köln. Dabei ist seine Befangenheit schon daran erkennbar, daß er und Trienekens aus Viersen stammen. Ein niederrheinischer Deal gewissermaßen.

Warum hat Johannes Rau nicht zu einem frühen Zeitpunkt gesagt, „so nicht Franz-Josef, jetzt reicht's"? Statt dessen hielt er auch noch die Festrede auf Schloß Augustusburg anläßlich des 20jährigen.

Noch vor einem Monat hat der Mann Aachener Verwaltungsrichter als neunmalkluge Schläulinge bezeichnet, und keine Woche ist es her, daß er Eifeler mit Asterix und Obelix verglich.

Eine Dienstaufsichtsbeschwerde nach der anderen schicken die Leute nach Düsseldorf, und er brüstet sich, er hätte die meisten Dienstaufsichtsbeschwerden, ja mehr als alle anderen Regierungspräsidenten zusammen. Das ist Hochmut, das ist Arroganz, das ist nicht mehr auszuhalten! Da versteht man jetzt, wenn der frühere Euskirchener Kreisdirektor den RP als „Stinkstiefel" bezeichnet hat. Allerdings im Suff.

Auf die Frage, warum er nicht endlich in den Ruhestand gehe, sagt Antwerpes auch noch dreist, er kenne einen, der seit fast 40 Jahren im Amt sei und nicht daran dächte, zurückzutreten. Auch habe er einen großen Respekt vor Adenauer gehabt, dieser Respekt läßt Schlimmes erwarten.

Dieser Text erschien als Bericht über sich selbst zu seinem 20jährigen Amtsjubiläum unter dem Titel: „Der Herr der Gesetze" im Kölner Stadt-anzeiger vom 17.04.1998

Wienand. Verlag:
Köln im Buch

- **Wer mit wem und warum? Klüngel-Experte Reinhold Louis weiß es!**
- **Klüngeln Sie mit – dank diesem Buch wird's ein Kinderspiel**

Reinhold Louis
Das kleine Buch vom Kölschen Klüngel
112 Seiten
Format 12 x 18 cm
Gebunden
ISBN 3-87909-448-9
DM 19,80

- **Närrisches und Neckisches aus der Klamottenkiste des kölschen Karnevals**
- **Alles über die fünfte Jahreszeit und ihre verrückten ›Hintermänner‹**

Hans Becker
Stefan Volberg
Jeck auf Köln
120 Seiten
Format 12 x 18 cm
Gebunden
ISBN 3-87909-447-0
DM 19,80

Dieser RP antwortet immer – ob er gefragt wird oder nicht

Bereits in der 4. Auflage!

Franz-Josef Antwerpes
Antwerpes
Antworten auf nicht gestellte Fragen
120 Seiten
Format 12 x 21 cm
Gebunden
ISBN 3-87909-536-1
DM 19,80

- **Die beliebte Radio-Köln-Serie im Buchformat!**
- **Franz-Josef Antwerpes hat mit seinem ersten Buch gezeigt, daß er das Zeug zum Bestseller-Autor hat!**
- **Überraschendes, Witziges und Pointiertes aus dem unbürokratischen Alltag des Kölner RP**